マルクス主義入門

第三巻

経済学入門

黒田寛一

KK書房

『マルクス主義入門』全五巻発刊にあたって

反スターリン主義運動の創始者であり〈変革の哲学〉の探求に生涯を捧げた哲学者である黒田寛一は、生前、多くの労働者・学生にたいしてマルクス主義の入門講演をおこなった。その貴重な記録を集成した『マルクス主義入門』全五巻をここに発刊する。

「人間は何であり、また何であるべきか」という若きマルクスの問いかけを同時におのれのものとして、マルクスの人間解放の思想を現代的に実現することを終生追求した黒田。彼は、既成の「マルクス主義」がニセのマルクス主義でありスターリン主義でしかないことを赤裸々にしながら、現代における人間疎外を真実に超克することをめざして学問的格闘と革命的実践に身を投じてきた。力強く情熱あふれる黒田の講演・講述は、半世紀の時を隔てた今日において、ますます重要で価値あるものとなっている。それは、戦乱と排外主義的ナショナリズム・貧困と格差の拡大におおわれた暗黒の時代というべき今を生きるすべての人々をかぎりなく鼓舞してやまない。黒田は、考える力と変革的実践への意志を育むべきことを熱く訴え、教えている。

本シリーズは、一九六二年秋に五回にわたって連続的に開催された「マルクス主義入門講座」を中軸にして編成している。

「戦後最大の政治闘争」と称され空前のもりあがりをしめしつつも敗北した六〇年安保闘争をつうじて、既成左翼の指導性の喪失が、とりわけ「日本共産党＝前衛」神話の崩壊があらわとなった。このもとで黒田は、マルクス主義を学ぼうとする学生・労働者に「われわれの運動が新しいとは、どういう意味なのか」と問いかけ、「一九五六年のハンガリー革命を主体的にうけとめることによって勃興した日本における反スターリン主義運動がなければ六〇年の闘いはなかった」と訴えた。「社会主義」ハンガリーにおいて労働者が武装蜂起し、ソ連邦の軍隊が血の弾圧を加えた、この画歴史的事件に、黒田は全世界でただひとり、共産主義者としての生死をかけて対決し反スターリン主義運動を創始したのであった。この闘いこそが「現代革命思想の転回点」を画したのである。このような反スターリン主義運動とその理論の創造過程を追体験的に反省し主体化することをうながすこと、これが「入門講座」をおこなった黒田の問題意識である。この意味で、本シリーズは「革命的マルクス主義の入門」書といえる。

第一巻「哲学入門」において黒田は、マルクスの哲学ならぬ哲学、変革の哲学としてのその性格を明らかにするとともに、直面する現在的の諸問題と対決し自分自身がどのように生きるのかを学生・労働者に問いかけながら「いかにマルクス主義を学ぶのか」「ものの見方・考え方はいかにあるべきか」を追求している。第二巻「史的唯物論入門」、第三巻「経済学入門」、第四巻「革命論入門」、第五巻「反労働者的イデオロギー批判」。——これらをつうじて、黒田は、哲学、経済学、国家＝革命論、社会主義社会論などのすべての理論領域においてスターリン主義者がいかにマルクス主義を歪曲し破壊したのかを、またマルクスのマルクス主義をどのように現代的に展開してゆくべきなのかを鮮明にしている。そのための立脚点を、彼は〈革命的マルクス主義の立場〉と規定している。平易で豊かな表現と独特の語り口調をもまじえた講演・講述には、黒田の「主体性の哲学」がつらぬかれているのである。

労働者階級の真実の解放のためにたたかいつづけた革命家にして哲学者・哲学者にして革命家である黒田寛一の講演・講述は、二十一世紀現代に生き苦闘するすべての労働者・人民にとって、思想的な羅針盤となりバネとなるにちがいない。

二〇一八年五月

黒田寛一著作編集委員会

編集委員会註記

一 「経済学入門――『直接的生産過程の諸結果』」は、一九六三年七月二十三日に、全都マルクス主義研究会の四回目の講演のために収録された講述である。資本制生産の本質的構造を理解するために欠くことのできないマルクスの『直接的生産過程の諸結果』をいかに学ぶべきかが、本文に即して明らかにされている。（なお、六二年十一月十一日におこなわれた第三回マルクス主義入門講座「経済学入門」は、当日停電のために録音できずテープが残されていない。）

一 「経済学入門――『資本論以後百年』をどう読むか」は、一九六九年九月十一日に収録された講述である。第三回全国マルクス主義研究会の講演（六七年八月七日）にもとづいて刊行された『資本論以後百年』の背後にある黒田の問題意識が明らかにされている。スターリニストの経済学と対決し、「マルクス経済学の枢軸をなす価値論あるいは商品論」を主体的に再把握すること、また「経済学と論理学の関係」を掘りさげるべきことが論じられている。

一 「エンゲルス経済学の問題点」は、エンゲルスの『空想から科学へ』にはらまれた限界が、「資本制生産の本質的矛盾」のつかみ方をめぐってつきだされている。第三回全国マル研直前の六七年五月二十九日に収録された講述である。

一 講演の文章化にあたっては、黒田の用字・用語法に従った。明らかな言い間違いは訂正した。

一 見出しは編集委員会がつけた。

一 編集委員会による補足は［ ］で記し、註は＊で記した。

経済学入門／目次

装丁　多田　進

経済学入門——『直接的生産過程の諸結果』

きょうは経済学ということにかんしてやっていきたい。中心的なテキストとしては『直接的生産過程の諸結果』をおいているわけだけども、一応、このテキストに入る前に、マルクス主義の経済学、つまり政治経済学をどういうふうに把握すべきか、それと史的唯物論との関係はどうなのかというあたりからはじめ、さらに『賃労働と資本』とか『賃金・価格および利潤』などを読んできたそういう人たちがどのようにこの『直接的生産過程の諸結果』という本に入っていくべきか、その辺からやっていきたいと思う。

I　マルクス経済学をいかに把握すべきか

まず、このマルクス主義の経済学、つまり政治経済学 political economy というやつは、いわゆる純粋経済学というわけではなく、政治経済構造を全体的につかみとる。

純粋な経済構造というものは、本来的にはありえない。前近代的社会においては、政治的諸関係が直接的に経済的諸関係を把握して、その両者が直接的に統一されていた。ところが、近代ブルジョア社会になると、この経済的諸関係と政治的諸関係とが相対的に独立する。いいかえると、いわゆる経済的領域と政治的領域とが分割される。このことを『ユダヤ人問題』や『ヘーゲル法哲学批判序説』という本においてマルクスが〔論じている〕。前近代的社会においては国家と社会というものが、封建社会においては国家と社会とが癒着していた。ところが、近代ブルジョア社会においては政治的国家つまりブルジョア的国家が市民社会、経済的社会から独立化する。そういうふうに政治の領域と経済の領域とが一応分断されることによって、経済的諸関係が完全に自立化される。

なぜ、このように経済的諸関係が自立化するのかというならば、いままで身分的な諸関係あるいは宗教的な諸関係でつながっていた社会的な人間、それが完全に分解していく。象徴的には、労働者が賃労働者として自分自身の労働力を商品として他人に売り渡す。こうして、一切の問題がお金の関係に換算されていく。すべてが商品流通を基礎として展開されていく。商品が商品をつくっていく。賃労働者も人間としてではなく、賃労働、労働力の担い手、労働力商品の担い手としてしか労働者は扱われなくなる。このように、人間そのものまでもがお金で計算される。そういうふうなことからして、すべての社会的諸関係が物の関係、商品と商品、貨幣と貨幣という関係としてあらわれてきてしまう。人間と人間との関係が、物と物との関係としてあらわれる。こういう逆立ちした状況を、マルクスは物化（物に化ける）、そのような状況を物化あるいは疎外というふうにマルクスは呼んだわけだ。人間と人間の関係が物と物、商品と商品、あるいは貨幣と貨幣という関係に還元、物化されていく。

このようにして、経済的関係が客観的に自立的傾向をたどる。そして、そういう資本制的経済的諸関係が成立すると同時に、政治的領域、国家というものもブルジョア国家として自立化する。経済的には自由放任の経済競争をおこなっていって、それにたいして国家というものはいろいろなことを言えなくなる。前近代的な社会、封建社会からブルジョア社会が出現するその過渡期、つまり絶対主義の段階だな、この絶対主義の段階においては、絶対主義国家が資本蓄積のための背景をなしていた。この段階では、つまりブルジョア社会がブルジョア社会として形成されるそういう過渡期においては、政治的領域と経済的領域とはいわば依然として癒着していたわけだが、産業資本主義段階が確立することによって、つまり賃労働と資本という関係が形成されることによって、経済的な領域と国家とは相対的に独立性をもってくる。

ところが、この産業資本主義段階の一定の発展によってうみだされるのが帝国主義段階であるけれども、この帝国主義段階における矛盾の発生、この矛盾の発生の解決形態としてうみだされてきているのが国家独占資本主義というかたちであり、ここでは、分離されていた政治的領域と経済的領域とが再び融合するという傾向をうみだしてくる。「国家独占」というかたちで私的独占体の矛盾の解決形態がうみだされると同時に「国家資本主義」というふうなかたちで帝国主義が、帝国主義それ自体と国家独占資本主義とはまったく別のものじゃないけども、帝国主義というものの一つの発展形態としての国家独占資本主義というところにおいては、経済的な諸関係にたいして政治的な諸関係が介入してくる、そういう構造をなしている。

そのような経済的領域と政治的領域との完全な分離、これは産業資本主義段階だが、そして、この完全な分離が再び融合する傾向をもちはじめる。帝国主義段階のなかの国家独占資本主義というかたちにおいて、それは象徴的にあらわれてくるわけだが。こういう資本主義社会の歴史的発展の構造を分析するのがマルクス主義経済学であるけれども、こういう政治的な領域と経済的領域との分離と結合、再結合、分離と再結合という歴史的過程を全体的につかむというふうになるならば、当然にも経済学は純粋経済学としてではなく、ポリティカル・エコノミーとして形成されざるをえないわけだ。ここの、マルクス経済学が単なる経済学あるいは純粋経済学ではなくして、まさしくポリティカル・エコノミーとして形成されたという点が非常に重要なところであり、宇野経済学とわれわれ、マルクス経済学を発展させようとするわれわれとの分裂というのは、そういう前提的なところからすでに発生してきているわけだ。

『資本論』におけるマルクスの立場

若きマルクスは自分の経済学を「国民経済学批判」というふうに呼んでいたわけだけども、この Nationalökonomie《ナツィオナールエコノミー》という場合の National とくっついているのは、いうまでもなく economy というのが一般的な言葉としては「節約」というふうにイギリスでは使われていたわけなんで、そういう常識的な概念としての economy と区別して、一つの学問として磨きをかけるために、Nationalökonomie というかたちで表現されていた。この「Nationalökonomie 批判」ということがマルクスの立場であり、しかもそれは、たんに物化された資本制的な諸関係を対象的に分析するというだけでなく、ほかならぬそういう物化された資本主義社会の現状を破壊していくプロレタリア（賃労働者）、労働力の担い手、労働力商品の担い手にまでおとしめられているところのプロレタリア、このプロレタリアが労働力商品たる地位からみずからを解き放って人間としての自己解放をかちとる、そういう立場からマルクスの経済学は分析されているわけだ。

いいかえるならば、マルクスの、たとえば『資本論』などのような叙述は、直接的には、ちょっと見たところでは、たしかに資本主義社会の物の構造、商品—貨幣—資本というような構造が展開されているわけだけども、その商品—貨幣—資本へと展開されている『資本論』の叙述そのものは、賃労働者と資本家というこういう人間の関係、ブルジョアジーとプロレタリアートという人間の関係を、その物化された形態において分析している以外の何ものでもない。いいかえるならば、商品―貨幣―資本というふうな物の分析の背後には、それを担っている賃労働者と資本家という、そういう社会的関係の分析がなされているということなんだな。単なる物の分析ではなく、その物の分析が同時に資本主義社会における人間関係の分析である、このことを見落してはならない。その意味では、経済学は同時にマルクスの人間論であるとさえもいうことができるわけだ。

そういうふうに、資本主義社会においては人間と人間との関係が物と物との関係としてあらわれている。したがって物と物との関係を分析するということは、同時に、人と人、賃労働者と資本家との関係を分析しているということなんだ。だから、それは、マルクスが『資本論』の「前書き」〔第一版への序言〕のところで、私は資本家や賃労働者の「光明面を描いてはいない」、つまり、生きている賃労働者あるいは生きている資本家そのものを描いているんではなく、それらの物化された形態としての賃労働、資本、そういうものを分析するんだ、というような言葉があるわけだが――スターリニストはこれをまったく間違って理解しているということについては、ここではふれないとして――、とにかくそういう資本制社会それ自体の独自的構造からして、プロレタリア解放の理論がそういう政治経済学として結実した、というふうにとらえなければならない。

そういうふうにとらえるならば、『資本論』の叙述そのものが冒頭の始元的商品から展開されているわけだが、その商品の自己展開の体系としての『資本論』というのは、物化されたプロレタリア、つまり労働力商品が自分自身の本質を対象化していく過程という意味を、同時に『資本論』の叙述はもっているわけだ。商品の自己展開の体系としての『資本論』は、同時に物化されたプロレタリア、つまり労働力商品がみずからの本質を対象化していく過程、プロセスとして意義をもつ、というふうにとらえなければならない。これが、梯明秀がめざしているところの『資本論』の主体的把握、「『資本論』の背後にひそむマルクス思想体系の構想的把握」というようなとらえ方にほかならない。これは非常に難しいつかまえ方であり、梯さん自身としてもいろいろ混乱した部分があるというふうに僕は考えるわけだが、そしてこの問題はきわめて難しいからそれほど立ち入って展開するわけには、きょうはいかない。

さしあたり、『資本論』というものはたんに物の関係の分析をおこなっているものではなくして、同時に、プロレタリアがみずからを労働力商品として自覚し、そしてそのような労働力商品としての自己からみずからを解放していく、そのための武器というような意味をもっているというふうにつかまなければならないわけだ。

スターリニストの賃金論の欠陥

で、ここで、そういうとらえ方がどのようにして有効かという点の一つの例をあげていくならば、たとえば、そういうプロレタリアという、賃労働者のそういう思想的な構造的把握がもしもないとするならば、たとえば賃金論をやったにしても、それは賃金額の理論、賃金論ではなくして賃金額（値段）、賃金がどれだけ高いか低いかという賃金額の理論にまでおとしめられてしまうということを意味するわけだ。賃金論をやる場合に、労働論、労働とは一体何なのか、そしてその資本制的な疎外形態としての賃労働、そういうこの労働論の観点から賃労働の本質をつかみとっていないならば、もっぱら賃金という労働力の価値の貨幣的表現、そういう賃金という労働力の価格、これがどれだけ高いか低いかというような問題にまでずらされていってしまうことが第一の誤謬である。

賃金論がなんらプロレタリアの自己解放のための一つの経済理論というふうに位置づけられないで、もっぱら賃金額を上げる、そういう賃上げのための賃金論というかな、まあ実際は賃上げのためにならないわけだが、賃上げのための賃金論というものにまでおとしめられてしまうことを意味するわけだ。このことは第二の問題にもつながっている。

すなわち、スターリニストの賃金論に共通な欠陥というものは［次の点にある］。「賃労働者が支払われている賃金というものは、つねに労働力の価値以下に支払われている、だから賃上げというのは価値どおりに支払わせるための闘争である」というようなソ連製のスターリニストの賃金論。スターリニストだけじゃなく永野順造などという総評系の人の『賃金の話』［東洋経済新報社、一九六〇年］というような、そういう総評系の人ですらも「賃金というのは価値以下に引き下げられている、だから価値どおりに支払わせるためにたたかうんだ」というような客観主義的な把握をおこなっている。

こういう誤りというのはどこからでてくるかというと、やはり賃労働それ自体が人間労働の資本制的な疎外形態である、ということをつかんでいないからだ。賃金をもらうということそれ自体が人間労働の疎外形態であるということ、このことがつかまれていないことからして、労働力が価値という規定性をうけとる、つまり商品化されて価値という規定性をうけとる［ことが分からない］。そして『資本論』のような叙述の場合には、たとえ労働者が価値どおりに支払われても、つまり価値＝価格、労働力の価値＝賃金、そういうふうに価値と価格とが等しいというふうに想定してもなおかつ、いいかえるならば賃金が価値どおりに支払われているということを前提としても、なおかつ賃労働者はその剰余労働を剰余価値として資本家に搾取されてしまう、そういう構造を明らかにしたのがほかならぬ『資本論』であったわけだな。

　このことは『経済学＝哲学草稿』〔一八四四年〕の「疎外された労働」の部分の最初の方を読めば分かるように、「イギリスの古典経済学、国民経済学は私有財産の事実を指摘したが、その私有財産がどこから、どうしてでてくるかということを概念的に把握していない」というマルクスの言葉がある。これはどういうことかというと、あの段階でのマルクスは、私有財産の本質は労働だ、賃労働者の労働力の対象化されたもの・その蓄積されたもの、それが私有財産であり資本である、というふうに哲学的にとらえていたわけだな。賃労働者の労働力の対象化されたものの必然的帰結として私有財産がうみだされる、というふうにとらえていたわけだ。

　ところが、それ以後、経済学を勉強してきたマルクス、そして最初は労働過程論というものがほとんど追求されておらず、もっぱら『経済学批判』〔一八五九年六月刊〕という本のように商品―貨幣―資本という三つのものを軸として叙述が展開されていたわけなんだが、そういう古典派経済学の叙述形式をもってしては「資本発生の秘密」を解き明かすことはできない。「資本発生の秘密」はほかならぬ労働過程における労働力の消費、生産過程における労働力の消費によってはじめて価値増殖がおこなわれるというふうに、生産過程から価値増殖、資本の形成というものを説明しなければならないというふうにマルクスの思考、研究が転回していったのは『経済学批判』という本を書いたその後である、ということが注目しなければならない事実だ。つまり、一八六〇年のすぐ前あたり、これが明確には分からないけれども、今日『マルクス 経済学批判要綱』［一八五七～五八年執筆］というかたちで翻訳されている *Grundrisse*《グルントリッセ》という本だな、『マルクス 経済学批判要綱』という『資本論』を書くためにつくったマルクスのノート、この段階、大体五五年から六〇年のあたりにおいて初めてマルクスの経済学プラン、今日の『資本論』の体系のようなものがほぼ確立していったわけだ。*

＊『宇野経済学方法論批判』（こぶし書房）一七一～一八二頁参照。

この労働過程、資本の生産過程に基礎をおいてはじめて価値増殖の問題がとらえられる。そして、賃金論が賃金の額の理論にまで歪められちゃうということは、ほかならぬ資本家によって労働者がどのように搾取されるかというそういう過程的構造、これをつかんでいないから、そういう誤謬がでてくるわけだ。すなわち、具体的にいうならば、賃労働者と資本家とは、労働市場、自分の労働力を資本家にいくらいくらで売り渡すという約束をやるところの労働市場においては、両者は「自由・平等」の関係である。両者とも相互に人格として面々相対するわけなんだが、そしてこの労働市場においては価値どおりの支払いがおこなわれるわけだ。にもかかわらず、生産過程という労働力の消費過程において労働者は剰余価値をうみだしていく。そして、これが資本の価値増殖というふうになっていく。その構造をつかまなければ、結局において、賃金論も賃金額の理論にまでおし歪められてしまうわけだ。

そういう意味においてもだな、われわれは単なる賃金の額の理論にとどまることなく、賃金論なら賃金論という点を通して、資本主義社会の機構、労働者がどのように搾取されるかというその本質をはっきりつかみとらなければならないわけだ。そのためには、やはり、われわれは、いわゆる賃金論などというものを読むよりも、むしろ剰余価値がどのようにしてうみだされるのかということを明らかにしたマルクスの『資本論』を読む必要が絶対にある。

ところで、この『資本論』の、たとえば第一巻だけ読むのも非常に大変だ。往々にして「木を見て森を見ず」という恰好になっちゃうし、どこをどのように切り崩していったらいいのかさっぱり分からない。で、『クーゲルマンへの手紙』にあるように、マルクスが友人たる医者のクーゲルマンに宛てた手紙［一八六七年十一月］のなかに『資本論』の読み方があるわけなんだが、この『資本論』の読み方としては、「労働日」の問題、それから「賃金」というようなところから読みはじめろ、というようになっているから、まあそのあたりを読めばいいわけだが。しかし、やはり『資本論』の第一巻の第一篇、第二篇、第三篇というふうに展開されているところの根底にあるものは何なのかということを、やはりつかんでいないとまずい。

ところで、『直接的生産過程の諸結果』〔一八六三〜六四年〕というこの論文、この論文は、要するに『資本論』第一巻の第二十五章としてマルクスが入れる予定で書き下ろしたもんだけども、しかし現行『資本論』においてはこれは削除されていて、依然として今日でもノートという形で遺されているわけだ。この二十五章、一番最後に位置づけられるものとして書かれたこの『直接的生産過程の諸結果』という論文は、したがって『資本論』第一巻全体のいわば要約、要約だけじゃないけども、そして流通過程なんかの問題への橋渡しになるいろいろな諸問題が展開されているわけだが、つまりは第一巻の全体のいわば要約として位置づけられている。だから、この百五十枚ばかりの論文、ノートというのは、そういう意味においては『資本論』の第一巻の展開をつらぬいている軸、いわば団子にたとえりゃその串にあたるような叙述形式がなされているし、したがって、僕らとしては、どのようにして労働者が搾取されるかという構造をとらえるために非常に便利なもんだというわけで、僕らはこれを推薦する。

この論文の重要性というのは僕自身でつかみとったわけだが、そして一九五一年の段階にこれを一所懸命勉強して、『プロレタリア的人間の論理』という、僕自身のこれの解釈と主体化をおこなったわけなんだが、それから四年ぐらいたった後で三浦つとむという人に会ったときも、彼はこの『諸結果』という論文を高く評価して推薦していた。そのほかの人たちでこの『直接的生産過程の諸結果』をとりあげて研究しているのはただ一人、梯明秀ただ一人だな。そのほかの『資本論』学者というのは、ほとんど読んでない。まあ、大体この本は、単行本としては全然出されていない。ただ『マルクス＝エンゲルス全集』に（ドイツ語版ですら単行本はない、日本においては単行本がすでに戦前に出ているけれども）、ドイツ語版なんかじゃ、『マル＝エン全集』というドイツ語版に入っているだけで、単行本としてドイツでは出てないわけだな。だから、一般的にも、この『諸結果』という論文は無視されている。にもかかわらず、これから述べるような意味において、非常に重要な論文であると考える。

Ⅱ　「直接的生産過程の諸結果」の意味

この「直接的生産過程の諸結果」ということの意味はどういうことなのか、というところからはじめていきたい。

『賃労働と資本』［一八四七年］という本を読めば分かるように、この『賃労働と資本』という本においては、そういう労働過程をつうじての労働者の搾取というような問題についてはあまりふれられていない。もっぱら、賃金というのはどういうふうにして決まるか、商品の価格は何によって決まるのか、価値と価格、資本、賃金、そういうものがスタティックに展開されている。

とくに重要なことは、この段階におけるマルクスは「労働力」という概念をまだ確立していない。もちろん、今日の『賃労働と資本』では、エンゲルスがみんなこれを直して「労働力」と、「力」という字を入れてるから読みやすいけども、当時のマルクスは「労働力」という概念すらも確立していない。もっぱら、『共産党宣言』が書かれた一八四七、八年の段階においては「生きた労働」ということが扱われ、ときによっては「労働能力」という言葉がぽっつり、ぽっつり無自覚的にでてくるんだな。これは、『経済学＝哲学草稿』における「生命力」「本質力」というような表現とまったく同じだ。「生きた労働」というのは『賃労働と資本』あるいは『共産党宣言』にでてくるけども、それと四、五年前の『経＝哲草稿』における「本質力」「実在力」「種属能力」「生命力」というようなのは、今日の言葉でいえば「労働力」と同じである。『賃労』にも一箇所か二箇所でてくる「労働能力」という言葉は、『資本論』として原稿が書かれる直前まで、だからこの『直接的生産過程の諸結果』においても依然として「労働能力」という言葉が使われ、「労働力」という言葉はまだ使われていないわけなんだが。

そういうふうにして「労働力」という概念もそれ自体つくられてくるということは、今ちょっとはさんだ余談だが、そういう、賃労働と資本との相互媒介関係、「資本は賃労働を前提とし、賃労働は資本を前提とする、それらは相互に制約しあい、それらは相互にうみだしあう」というような『賃労働と資本』という本に書かれているそういう叙述、これは現象論というふうに言ってもいいけども、そういうつかみ方を基礎としながら、賃労働と資本との関係が実に大雑把に述べられているわけだ。

こういう大雑把な叙述はなぜでてきたかというならば、この段階のマルクスは、『哲学の貧困』〔一八四七年〕という本においてプルードンのヘーゲル主義的な経済学的な展開を批判し、自分自身の価値論をつくりださなければならないという、そういう過渡期の産物であるから、非常に分かりがいいと同時によく分からない。少しばかりつっこんで考えようとすると、叙述がきわめて雑駁だから、ああでもないこうでもないというかたちで、それ以上深まらない。しかも、それ以上深まらないにもかかわらず、それだけで深めようとするところに、『賃労働と資本』主義者というマンガが最近非常に方々の各地であらわれているわけだな。

この『賃労働と資本』主義者（まあ、これは新しい言葉だけども）、『賃労働と資本』という本をバイブル化する人を『賃労働と資本』主義者と言うんだが、この『賃労働と資本』主義者からいかに脱却すべきかということは、ずうっと前から指摘してきたことなんだ。つまり、ほぼマルクスの価値論が形成された以後に書かれたところの『賃金・価格および利潤』〔一八六五年〕、この通称『賃・格』という本と統一的に理解することを力説しているにもかかわらず、この『賃・格』がほとんど勉強されない。『賃労』をやるときには『賃・格』を同時にそばに置いてやる、ということを口を酸っぱくして言っているにもかかわらず、やさしくて、したがって大雑把で分からない本としての『賃労』だけに寄っかかる。こういうやり方は断固排除しなければならない。

『賃金・価格および利潤』について

もちろん、『賃・格』の第一章から第五章のあいだ、これは下向分析的な関係をしめしているわけだな。これは、資本制社会における表面現象、生産と賃金との関係、通貨と賃金との関係、需要・供給の変動による賃金の変化、それから物価と賃金との関係、そういうふうな資本主義社会の現象面にあらわれてくるところの諸事態、こういうものを通して、その根底につらぬかれている価値法則をつかみとらなければならない、というふうに論述を展開していく。こういう下向分析的なところが、第一章から第五章にわたって展開されているわけだ。

そして、この第五章が終って、第六章以下、第六章「価値と労働」というところ以下が、いわばマルクス価値論の本質的な問題を上向的に展開しようとするものである。「諸君、私はこれから問題の真の解明に入らなければならない」――こういうふうにマルクスが言っているところでは注意を喚起して、ここからは上向的展開ですよ、というふうにやったわけだな。そして、それ以下は、すでにマルクス価値論が形成された以後における展開だから、『資本論』の叙述形式とほぼ似たかたちで展開されている。だから、じっくり読むならば、こちらを読んだ方がかなりよく分かるはずなんだな。

社会的必要労働時間の問題から価値の問題を導きだし、そして労働力の価値の貨幣的表現としての賃金の問題にまでずうーっと上向的に展開してゆくわけだ。しかし、その場合の叙述は、やはり価値と価格というかたちで、価値とその現象形態としての市場価格との関係などをも、上向的展開というけども、そういうのがちょびちょび入ってくる。基本的には上向的展開だけども、価値論のところに価格論も入ってくるという展開がとられているけれども、とにかく、価値および価格の根底にあるところの労働とは何ぞや、ということが詳しく展開される。

そして特徴的なことは、『資本論』の叙述とは違ったかたちで、労働市場と生産過程との関係が書かれている。つまり、第七章の「労働力」のところでは、まず岩波文庫版でいうと五八頁*の終りから五九頁にかけては、『資本論』第二篇第四章「貨幣の資本への転化」というところの章で書かれているのとほぼ同様なことが書かれている。そして次の頁、五九頁の終りから六〇頁にかけては、賃労働と資本との歴史的関係、『資本論』の第二十四章で展開されているところの「根源的蓄積過程」、あるいは「本源的」と言うけれども、あるいは「原始蓄積過程」と言うけれども、僕らはやはり「根源的蓄積過程」と呼ぶ。原語は同じだけども。こういう、『資本論』第四章の労働市場の論理というのは、賃労働者と資本家との論理的な関係であるのにたいして、『資本論』第二十四章における展開は、賃労働と資本との歴史的な形成関係の解明である。四章が論理的な関係、二十四章が歴史的形成関係の解明をなしている。そういうことが岩波版の五八頁から六〇頁に書かれている。そして、このような把握は、『賃労働と資本』という本のなかにはない。この問題、この労働市場という問題を受けてはじめて「剰余価値の生産」という第八章以下の叙述が主体的に理解されうるというふうにいうことができるわけだ。

＊　一九八一年の改版『賃金・価格および利潤』では七〇頁に該当する。

しかしながら、この『賃金・価格および利潤』の七章「労働力」と八章の「剰余価値の生産」という、七章と八章で約五、六頁のあいだに展開されている、もうちょっとかな、一〇頁ばかりのあいだに展開されている事柄をさらに詳しく理解するために、しかも資本主義社会の生産過程の本質的な構造を理解するために絶対的に欠くことのできないのが、われわれがこれからやろうとしているところの『直接的生産過程の諸結果』という本であるわけだ。この『直接的生産過程の諸結果』というのは、したがって、さしあたりまず『賃・格』の第七章と八章で展開されていることのより立ち入った解明である、というふうにさしあたりつかむ。

商品＝労働市場と生産過程の関係

さて、この「直接的生産過程の諸結果」というのは、どういう意味をもっているか。まず「諸結果」ということは、要するに、先ほども言ったように、『資本論』第二十五章、つまり第一巻の一番終りに位置づける予定であったものだから、明らかにこれは、資本の直接的生産過程の実現によってどういう結果が総括されるか、まあ「諸結果」というのは、資本の生産過程の総括という意味をもっているわけだな。

ところで、「直接的生産過程」というのはどういうことかというと、資本制生産過程あるいは資本制生産の総過程、これの即自的な把握、あるいは即自的な把握ということをいいかえると、他の側面、他の契機としての流通過程を捨象したところの資本の生産過程、こういう意味だな。もう少し言うと、資本制生産過程というのは、いうまでもなく資本の生産過程と流通過程との直接的統一をなすわけだ。この資本の生産過程の論理が展開されるのが『資本論』第一巻であり、第二巻においては流通過程が、そして第三巻においては総過程が展開されるということは、すでに知っているところのものだが。そういう資本制生産過程の一つの契機としての流通過程を捨象して、資本の生産過程をそれ自体として問題にする、そういう意味がこの「直接的」に含まれているわけだな。直接的生産過程とは、資本制生産過程の流通過程的側面を捨象して、資本制生産過程をそれ自体として直接的に問題にする、資本の直接的生産過程を問題にする、それ自体として問題にする。流通過程に媒介された再生産構造はやらない、ということがここでしめされているわけだ。流通過程に媒介された再生産構造ではなくして、流通過程を捨象したところの資本の即自的な生産過程をここで問題にするんだ、ということを言っているわけだ。

だがしかし、そうはいっても資本の直接的生産過程は一切の流通過程ということを排除するわけではない。直接的生産過程の前提となり基礎となるところの労働市場および商品市場、直接的前提としての労働市場・商品市場を排除するものではない。直接的生産過程の契機としての商品＝労働市場は、当然のことながらとりあつかわれる。そして、このことだな、生産過程の実現の結果としての流通過程ではなくして、生産過程の実現の結果として展開される流通過程ではなくして、生産過程の展開のために欠くことのできない条件・前提としての労働＝商品市場、そういう労働＝商品市場は問題にされる。この生産過程のモメントとして商品＝労働市場があるということが、同時に資本制生産過程の独自性をうみだす決定的なメルクマールとなるということを、この本から学びとるまず第一の決定的な事柄である。

このことは、どのようにしておこなわれるかということは難しいので、歴史的な説明から逆にやる。本来的には論理的な説明からやるのが概念的把握の構造だけども、分かりやすくするために歴史的な形成関係ということから説明していきたい。ということはどういうことかというと、この本ではそういう歴史的形成関係、つまり根源的蓄積過程を媒介とした資本関係の成立という問題にはふれられていない。さしあたり、この叙述はやさしいから、『資本論』第二十四章の、「いわゆる本源的蓄積過程について」という項目の『資本論』第二十四章全体を同時に読む必要があるけれども。

要するに、資本主義社会というものが形成されるということはどういうことなのかというならば、一般に生産を実現するために欠くことのできない二つの条件、二つの契機、生産の客体的契機・生産手段と生産の主体的契機・労働者、この生産手段と労働者とが完全に分離し、生産手段は資本として一方の極に蓄積され、他方、労働力の方は賃労働者（プロレタリア）として他方の極に完全に分解していく。生産を実現する場合に欠くことのできない二つの条件が、資本家と賃労働者というかたちにあらわれているように、二つに完全に分離してゆく。一方の極には生産手段が資本として蓄積され、他方の極には労働力が賃労働者（プロレタリア）として蓄積される。こういう両極分解が発生するわけだな。

資本制生産様式の独自性

ここでちょっと説明を加えておくと、生産手段をPmで表す、mの場合は小文字のmを書く。Pm＋A＝P　これが生産がおこなわれる場合に不可欠な構造を表した図式としよう。*　原始共産体においては、労働者は共同体の成員であり、共同体と労働者は統一されている。そして、そういう共同体的労働者が使う、使用する生産手段は共有されているわけだ。こういう原始共産体的な生産様式を図式で表すと $\mathrm{Pm}^{n}+\mathrm{A}^{n}=\mathbf{P}$　これが原始共産体の生産様式だな。

＊　以下の展開と同様の内容が『資本論以後百年』（こぶし書房、一九六七年）八五～八八頁に叙述されている。参考として同書八七頁の図［図1参照］を掲げた。

ところで、この場合には一緒にやってるわけなんだが、一人の人間がその私的、私《わたくし》的所有物としての生産手段を使って物をつくる、こういう単純商品生産の図式は$Pm+A=P$、これが単純商品の生産の図式であるわけだ。しかし、この$Pm+A=P$、というものの全体のn乗は、すなわちさっきの原始共産体の図式ということには決してならない。いいかえるならば、単純商品生産というもの、個々の一人の人間がその私的所有物たる生産手段を使って商品を生産するというものをいくら寄せ集めたところで、原始共産体的な生産様式にはならないわけだな。

〔1〕　$Pm^{n}+A^{n}=P$

〔2〕　$Pm+A=P'$

〔3〕　イ　$Pm^{n}+$ ◯ $=K$

ロ　◯ $+A^{n}=LA$ (Pro.)　（＋ハ

ニ　$Pm^{n}+A^{n}$ $(=K+LA)\rightarrow Pk$

（『資本論以後百年』87頁）　【図1】

ところで、こういう$Pm^{n}+A^{n}=P$という原始共産体的な生産様式が分解する。この分解というのは直接的にはおこなわれず、歴史的には奴隷制および農奴制という歴史的な独自的な形態を通過し、さらに根源的蓄積過程を通して分解していくわけなんだが。そして、こういう奴隷制および農奴制というこの生産様式は純経済的なかたちではあらわれない。さっきも一番はじめに言ったように、前近代的社会においては政治的経済的な諸関係、身分的な諸関係、それらが癒着してあらわれてくるんであって、純粋なかたちで理論的にとらえられない。だから、したがって記号化もできないわけだが。われわれは、そういう前近代的社会にたいして、資本制生産様式においては経済構造が政治的領域から相対的に独立化することによって物化が完成する、ということを言った。

そして、この完成された物化現象を基礎として、マルクス主義の政治経済学が成立するということを述べたけども、そういう物化現象が普遍化したブルジョア社会と原始共産体の構造とを論理的な関係としてとらえる。とすると、原始共産体の場合の Pm^n これはブルジョア社会においては資本として現象するわけだな。図式的に言うと、Pm^n＋ナジ（マルでも書いておへんだな）＝カピタール、K と。Pm^n＋◯＝K（カピタール）、これが資本家のかたちである。これにたいして◯＋A^n＝Pro.（プロレタリアート）。これが、こういうふうにだな、両極分解する。生産の客体的契機 Pm^n は資本として蓄積され、他方、生産の主体的契機としての A^n はプロレタリアートとして蓄積される。このように、生産手段と労働力とが資本およびプロレタリアート、資本および賃労働というかたちで両極分解してしまう。こういう状態が資本制生産を実現する場合の前提となるわけだな。この図式が両極分解である。
Pm^n＋◯＝Kと、他方では◯＋A^n＝Pro.。これはどういうことを意味するかというと、資本家Kの方は生産手段をもっているけれども、それを使う、駆使する労働力をもっていない。第一の図式は、Pm^n＋◯＝Kという場合には、資本家は、Kは生産手段Pm^nをもっているけれども、それを使うところの労働力をもっていない。第二の図式、◯＋A^n＝Pro.の場合には、プロレタリアートは労働力A^nをもっているけれども、しかし物をつくりだすためにどうしてもなければならないところの生産手段をもっていない。したがって、相互にこれが交換される。まあ、数式でやればプラスする。上と下をプラスする。そうするとPm^n＋A^n＝P、(生産)→K こういうかたちになる。相互にもっていないものを足し算すれば、一方の極には生産手段、他方の極には労働力しかもってないやつが、足すことによって資本としての生産手段Pm^nと労働力商品A^nとがプラスされれば、生産が、つまりP、が実現される。

ところで、このプラスの構造、プラスということの関係そのものが、プラスという……［テープが途切れている］……Pm^n＋◯＝Kと◯＋A^n＝Pro.というのをプラスするというのは、労働市場においておこなわれる。この労働市場というのは、要するに、貨幣の所有者たる資本家が、自分のもっていないもの、つまりA^nという労働力だな、この労働力を買う。自分のもっている貨幣でもって労働力を買う。そうすることによって、生産の主体的契機と、他方、資本家の私有物あるいは資本の現実的な存在形態としての生産手段とが、合体される可能性がここで獲得されるわけだ。資本の現実形態としての生産手段と、他方、賃労働者の所有物である労働力が、資本家のもっている貨幣で買われることによって、生産の客体的モメント・生産手段と主体的モメント・労働力とが合体――この合体されるのは実際は生産過程においてなんだが――、その合体される可能性が労働市場においてつくりだされる。そして、現実的に合体させられるのは、ほかならぬ生産過程そのものにおいてである。そして、この生産過程において剰余価値が生産・創造される。

　こういうふうに、生産の客体的契機が資本として蓄積され、他方、生産の主体的契機が賃労働者として、プロレタリアとして集積される。このような両極分解を合体することなしには、生産が実現されない。この合体をおこなうのが生産過程の前提としての労働市場であり、前提としての労働市場によって措定されるのが資本の生産過程、価値増殖過程であるわけだ。

　このような論理、労働市場が生産過程の実現にとっての不可欠の契機をなす、そして生産の実現にとって労働市場が前提をなす、このような労働市場と生産過程との関係については『諸結果』の『マルクス＝エンゲルス選集』版の三七九頁(1)*の左から六行目以下に明確に展開されている。もちろん、この翻訳として「未来の資本家が」となっているのは、「可能的な資本家」というふうにやらないと意味がつうじないな。三行目に「必要な序論であり条件である」というのは、「必要な端緒」というふうな言葉だろうと思う、原文がないので分からないけども。その三七九頁に展開されていること、すなわち労働市場における階級関係と生産過程における資本関係、こういう両者の関係について論じられているところは、ほかには三九四、三九七、四一一、四一七、四二三、四六六、四六九頁。大体このような頁に展開されているのは、こういう両者の、労働市場と生産過程との関係である。

＊　頁数は『マルクス＝エンゲルス選集』第九巻（大月書店、一九五〇年）による。なお、これに対応する『資本論綱要』（岩波文庫、一九五三年）、『直接的生産過程の諸結果』（国民文庫、一九七〇年）および『資本論第一部草稿　直接的生産過程の諸結果』（光文社古典新訳文庫、二〇一六年）の頁数を本稿末の編註に掲げた。以下、註番号を付す。

だから、この本を読む場合には、読む場合の一つの軸となることは、この労働市場という現象的直接性と、生産過程という価値増殖の本質過程、この両者の関係をはっきりつかみとることである。この関係をつかみとることによってはじめて、プロレタリアが自分自身を労働力商品という物化された存在として自覚する論理構造が主体化されてくるわけだ。この問題については、『プロレタリア的人間の論理』で中心的に展開されているわけなんだが、さしあたりここでは、『直接的生産過程の諸結果』をそういう視点から読まなければならないということを念頭におきながら、大体、どういう点にアクセントをおいて読むべきかということを、だんだん初めから順次にやっていきたいと思う。

Ⅲ 『諸結果』の本文に即して

この叙述を読む場合に注意すべきことは、資本という概念とその現実的なTräger《トレーガー》［担い手］、つまり資本の現実的なDasein《ダーザイン》あるいは現実形態とを明確に区別すること。生産手段というのは資本のダーザインあるいは資本の現実的形態だ。ここでは、「資本の使用価値としての存在様式すなわち労働手段」というふうに使われている。こういうような展開のしかたをみれば分かるように、資本という概念とその現実的なトレーガー、ダーザインとしての生産手段とを一緒にしてはならない。

機械が資本であるというんではなく、機械は資本の現実的な存在である。そして、機械は不変資本として意義をもち、他方、機械を動かす人間は可変資本というふうになる。労働者の場合には、資本の現実的な形態になるのは生産過程にぶちこまれた以後においてであって、生産過程にぶちこまれる以前においては、生産過程の外では、資本の現実的存在ではない。やはり賃労働者というのは、賃労働者という一つの「人格」として、括弧づきの「人格」として認められている労働力商品であって、資本の現実的存在ではないわけだな。ここに、賃労働というものと資本というものとが違う、賃労働者は生産過程に入ることによってはじめて可変資本となるわけだな。その構造をはっきりまずもってつかんでおく必要がある。

その先、二、三頁にわたってΔvとか何とか書いてある点はどうでもいい。直接問題になるのは三六五頁の二行目[2]、ここからが本論的な叙述に入っている。まず、「商品は使用価値と交換価値との直接的統一であるように、生産過程は労働過程と価値増殖過程との直接的統一である」という展開がなされているわけだな。資本制生産過程は流通過程と直接的生産過程の統一である、このことは先に述べたが。そして直接的生産過程それ自体もまた、労働過程と価値増殖過程との統一だということになる。だが、この場合に、労働過程というものと価値増殖過程というものとが、二つが一緒になって一つの過程をなすというふうに理解してはならない。一つの過程しかないのであって、その一つの過程を、使用価値的側面から見た場合に、労働者が生産手段を使って物をつくるというそういう物質的な過程なんだが、その物質的な過程を同時に価値の観点からいうと、そこで価値増殖がおこなわれるんだ、というふうにとらえなければならない。ここのところをやはり注意して、「直接的統一」という言葉はヘーゲル的で難しいけれども、これが二つの過程の一緒だというふうに理解してはならないのであって、一つのもの、一つの過程、資本の生産過程というものは同時に労働過程であるとともに価値増殖の過程だということをはっきりつかまなければならない。

その先、三六五頁のその先の第二パラグラフかな、この第二パラグラフが、全体として非常に重要なことを言っている。さっき言ったところの労働市場あるいは交換過程と生産過程との関係が、ここで展開されている。その先に、第三パラグラフじゃないや、第四パラグラフかな、価値でなく、「まず使用価値についていえば」というところからはじまるところは、先ほども言ったように、そういう概念規定とその物質的担い手とをごちゃごちゃにしてはならない、ということをはっきりつかまなけりゃいけないな。「まず」以下からの次の頁にわたる、三六六頁にわたる約八行ばかりは、概念とその担い手、「使用価値の形態規定」だとかという言葉の意味をしっかりつかんでおいてほしいな。そうしないと、使用価値という概念と、その物質的担い手、形態規定とをごちゃごちゃにするというような誤りがでてくる。

こういう点をごちゃごちゃにすると、たとえば資本主義社会の初期のプロレタリアが機械ぶちこわし運動をやるというような現象は、機械が資本としてあらわれている、だから「機械が悪いんだ」というふうにやっちゃう、そういう即自的な誤りの結果として、あの機械ぶちこわし運動がでてきているわけだな。そうじゃなく、機械というのは、資本関係に編みこまれているから労働者を搾取するということになるのであって、機械が悪いからということで、「機械があるから俺は搾取される」というわけではないわけだな。そういう意味において、機械と生産関係あるいは社会関係との関係だな、機械という実体とその歴史的規定性を刻印するところの生産関係との関係を、概念とその物質的ダーザインとの関係においてつかまなければならない。

「資本の労働過程」と労働過程一般

その次の、大体三六六頁の真ん中(3)あたりは、そういう、物をつくりだすという労働過程のことが少しばかり書かれている。そして三六七頁の七行目(4)以下は、「資本が使用価値としての労働過程のなかでとるすがたは、第一に」、「第二に」というかたちで展開されているわけだな、「第三に」と。で、その頁の一番最後の行に、「労働過程一般」ということが書かれているんだが、この労働過程一般があまりうまくない。これは理解するのにかなり難しいんだが、しかし、これを、本を読むために注意を要するので、若干説明しておかなければならない。

たとえば、『資本論』の第五章を開いてみると（労働過程の項目だな）、この第五章の一番はじめの方と一番最後の方には、資本制という歴史的規定性をこうむった場合の労働過程の変貌が書かれている。ところが、第五章の中間に叙述されている事柄というのは、労働過程一般、どんな社会にも妥当するところの労働過程の一般的な規定が展開されているわけだ。こういう叙述からして、スターリニストの場合には、労働過程一般という場合には超歴史的なものだというふうにやってしまう。しかし、それは間違いなんだな。

資本の生産過程の一極としての労働過程は、労働過程一般ではなく、やはり資本の労働過程であって――「資本の労働過程」というのはまずいんだけども――、「資本の」という、資本を生産するための労働過程ということであって、労働過程一般ではない。資本の生産過程の一極としての労働過程は、労働過程一般ではない。やはり資本制的という歴史的規定性をうけとっているわけだな。労働過程一般というのは、さらに、そういう資本の生産過程の一極としての労働過程の、歴史的・社会的独自性を捨象してつかみとられる。労働過程一般というやつは、資本の生産過程の一極としての労働過程の歴史的・社会的独自性を捨象してつかみとられるわけだ。

だから、『マルクス主義の形成の論理』の一〇〇頁の図解の第3図を見れば分かるように、ここんところのⒹというのがいわば資本制生産過程の構造を表す。〔図2参照〕で、この中間にぶるさがっているⓌ'というのは社会的生産過程を表す。一番上っ側のⓌというやつは社会的生産過程の本質、Ⓦ'は社会的生産過程の疎外形態を表すわけだな。Ⓦは社会的生産過程〔の本質〕、そして中間のⓌ'は社会的生産過程の疎外形態、階級社会における生産に共通な形態規定を表す。このⓌというものの自然的側面が労働過程であって、これがいわば労働過程一般にあたるわけだ。だから、このⓌの自然的側面としての労働過程一般と、Ⓦという社会的生産の本質的把握の一極としての労働過程一般と、Ⓓ、たとえば資本制生産過程だが、Ⓓの一極としての資本の生産過程、その自然的側面としての労働過程とは明らかに違うわけだ。ところが、このⒹのなかの労働過程、資本制的という歴史的規定性をうけとっている労働過程と、Ⓦの自然的側面としての労働過程とを二重

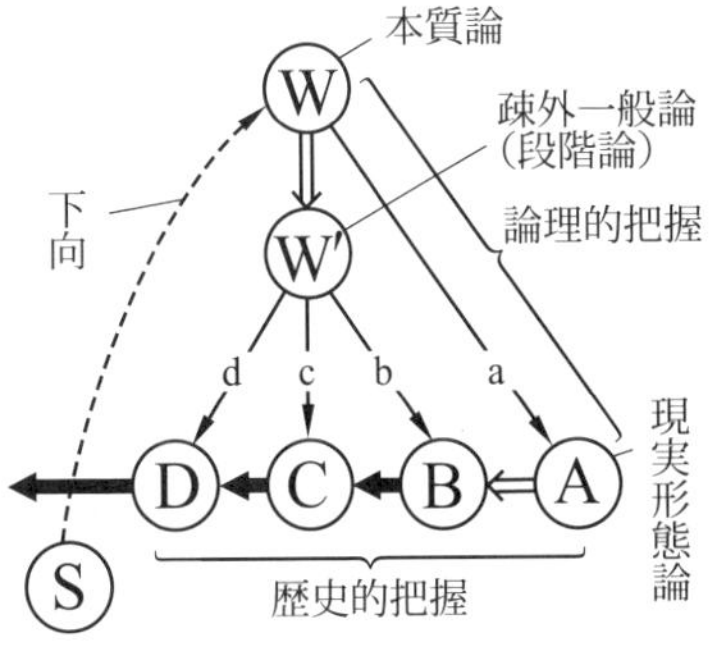

（『マルクス主義の形成の論理』100頁）

【図2】

うつしにしてはならない。Ⓦの自然的側面としての労働過程の資本制的な形態が、Ⓓのなかの労働過程だというふうにとらえなければならないわけだ。

ところが、マルクスの場合には、この点があまりはっきりしていない。だから、『資本論』の第五章に展開されている労働過程の一般的規定性、これは超歴史的に展開されてるわけだけども、たとえ『資本論』の第五章に労働過程の一般的規定性が超歴史的に展開されていたとしても、資本の生産過程の一極としての労働過程は、超歴史的だということは決していえないわけだ。この超歴史的ではないということが、ほかならぬこの本の三六九頁の第二行目⑤から展開されているわけだな。

その前に、三六八頁の真ん中⑥あたりからうしろの、展開されていること、「すなわち」以下「可能的に」云々と書いてあるところ、このところは誤解しないで読むように。たとえば、こんところでは間違った把握なんだ、と。左から七行目のところに「条件づけるものであるという結論である」というんだけども、これはマルクスの結論ではなく俗流経済学者の結論である。それから二行先へいって、「こういう結論、これである、それからこれである」というふうに書いてあるけれども、この三六八頁の左から十行目以下のところは、俗流経済学の意見はこうであるということが書かれているんであって、これはマルクスの結論がこうであるというんじゃないから注意を要する。

資本の直接的生産過程の二側面

その次の頁[7]のところの上っ側に〈Ⅰ〉と書いて。これは、資本の労働過程、「資本の」という歴史的規定性をもった労働過程とは何なのかということが、ここで展開されている。資本制的という歴史的規定性をうけると賃労働者の労働はどういうふうに変質するのか、ということ。そして、その次の頁においては、人間が生産手段を使うんではなく生産手段が人間を使うという、そういう資本主義社会の転倒性、物神崇拝的性格ということが、三七〇頁の最初の八行[8]ばかりのあいだに書かれている。ここの展開は注意して読む必要がある。

ところで、この九行目の「第二に」というところに展開されているのは、労働過程における使用価値の二形態、「生産手段は」云々というところにはじまるのは、生産過程が二つの契機Pm″とそれからA″とによって、生産手段および労働力によって実現される、それは、資本の生産過程が実現される場合の使用価値のとる姿、使用価値の現実的な姿はこうこうである、ということが三七〇頁から七一頁の前半にわたって書かれているわけだ。ここの点は、この前半、さらに三七二頁の註、「原稿では」云々と書かれている註の前までが一番［Ⅰ］の問題として、でっかい一番として資本の労働過程の説明がおこなわれている。三六九頁から七二頁の十行目までが第一番の問題として、資本という規定性をうけとった労働過程はどのように変化するか。ここで重要な問題は、要するに労働者は生産手段に吸収されるという、資本主義社会に特有な物神性が発生するということだな。

そして三七二頁の左から五行目のところは、第二番目［Ⅱ］、でっかい二番目として価値増殖とは何ぞやということが書かれている、価値増殖過程とは何ぞや、と。(9)一番の方は資本の直接的生産過程の労働過程的側面、これは使用価値の観点からとらえられた生産過程だな。この第二番目の価値増殖過程というのは、資本の直接的生産過程を価値の観点からとらえた場合である。

三七三頁の二行目(10)以下には、「価値保存」のための諸条件は一体何なのかということが八つにわたって書かれている。三行目が一番、四行目が二番、七行目が三番、八行目が四番、十二行目が五番と六番、十三行目が七番、十五行目が、「最後に」云々というところが八番、価値保存のための諸条件ということが書かれていて、もう一つ、「価値増殖」のための諸条件というのが、三七四頁の第二パラグラフ、第八行目だな。三七四頁の第八行目からは価値増殖のための諸条件が書かれている。

三七四頁のその後半部分[11]全体が重要だ。前の頁では「価値保存」あるいは「価値移転」について書かれているのにたいして、後の部分は「価値をたんに、生産手段の価値を新しい生産物に移転するだけでなく、そういう生産物をつくりだすことが同時に新しい価値をつくりだす過程でもある」と。こういう二重の構造、価値増殖過程というのは、まず、いままでの既存の価値を新しい生産物に移転するだけでなく、同時にうみだす、価値増殖をおこなう、そういう二つの角度からこの本では説明がなされている。

それから、三七五頁の四行目[12]のところには、「一定の時間に正常な社会的な量の合目的的な労働」というふうに書かれているな。この点は労働論として、「労働強度の平均度」とか何とかと傍点のうってある点をちょっぴり注目して読む。

で、そういうものをうけついで三七六頁[13]においては、資本の労働過程、いままで価値増殖過程を述べてきたけども、もう一度もとの一番的なことに戻って、資本の労働過程における労働力の二つの側面――つまり労働力というものは、使用価値的な観点からいうならば、労働者が労働手段を使って労働対象に働きかけて物をつくるということになる、ところが（つまり、五行目）、価値増殖の過程からいうならば現実的な生きた労働が生産手段に吸収される、というような両方の側面――、使用価値的側面と価値的側面という二つの側面から見るということとが書かれており、そしてその頁の左から六行目あたりからは、価値増殖・価値形成、これは、価値形成というのは大体、価値移転というふうにとってもいいし、あるいは増殖というのと同義語に使う場合もあるけども、とにかくその点では価値形成・増殖の問題が書かれている。

資本主義社会の物神的性格

そして、次の頁の三七七頁の二行目(14)の一番上に、(一)という記号が落ちてんだな。その頁の左から八行目にあるところの二番[(二)]というのに対応した一番というのが、七七頁の二行目の一番上につけられなきゃいけない。この頁全体、一番、二番をあわせて書かれていることは、「資本主義社会の物神的な性格」、さっきいちばん初めに述べたような、「人と人との関係が物と物との関係というかたちに物化してあらわれる」ということから、資本主義社会の物神性あるいは神秘化あるいは疎外というのが、どのようにしてあらわれるかということが書かれている。ここのところは全体として、三七七頁は全体として注意して読む。そして、このような神秘化にかんして書かれている頁を言っとくと、三九五、四五七、三九七、三八六、三七〇、四〇一、三七八、四一七頁などにこれと同様のことが展開されている。だから、この点では、この資本主義社会の転倒性、物神的性格というのは、『資本論』第一巻第一篇第一章の四節としてのあの「物神的性格」のところを読まなきゃならないわけなんだが、そういうのをこれを読んだ後で読んでいってほしいと思う。

そういうのをだな、労働論の角度から展開していくのが、その次の三七八頁[15]から九頁の中間ぐらいまでが、資本の生産過程における労働がいかにパーになるか、疎外されるかということが書かれている。そしてここの叙述、三七八頁から七九頁にかけてのこの叙述全体は、『経済学=哲学草稿』あるいは『神聖家族』［一八四四年］というもので展開されている叙述とほぼまったく同じような展開だ。この点に注意を要する。とくに三七九頁の初っ端から三行目[16]、この言葉の使い方そのものは、まったく『神聖家族』と同じである。

ここでちょっとふれておくならば、さっき言い忘れたけども、われわれがこの『直接的生産過程の諸結果』という論文を読むのは、とにかく初期のマルクスの労働の疎外論というものがいかに経済学として発展させられたかというプロセスがよく分かるんだな。『資本論』においては「自己疎外」とかいうような言葉はまったく使われていないわけなんだが、したがって『資本論』においては初期マルクスの経済学、疎外論というものはなくなったというふうに言われるわけなんだが、しかしそうではなくて、そういう初期のマルクスの労働論、これが明確に経済学的に純化されていく。そういう構造を、たとえばこの『諸結果』の三七八頁から七九頁にかけての叙述を通して、われわれは明白につかみとることができるわけだ。

このことは、『マルクス主義の形成の論理』の第Ⅱ部に収められている「商品論と人間論」の次の論文、マルクスの疎外論はどのように変ったか〔「マルクスにおける人間疎外論の問題」〕、そしてマルクス『資本論』と哲学との関係はどうなのか〔「マルクス哲学と『資本論』」〕という二つの論文を参照してもらえれば、この『諸結果』という本がどのような位置をマルクスの経済学＝哲学思想の発展において占めているか、この本がマルクスの経済学＝哲学思想、哲学＝経済学思想の発展にとりどのような意味をもっているかということは大体分かると思う。その場合に、まず言っておくのを忘れたけども、『神聖家族』の叙述とまったく同じような展開、三七九頁の最初の三行に展開されているこのようなのをアトランダムにひきだして疎外論を基礎づけようとする、そういう客観主義的な解釈学と、われわれとはまったく無縁だということをつけ加えておこう。

さて、その次に、三七九頁の後半部分というやつは、さっき言ったように、労働市場における階級関係、実際にはこの階級関係は純粋な貨幣関係、お金の計算ということで階級関係としてあらわれないわけだな。この労働市場における貨幣所有者としての資本家と労働力商品の所有者としての賃労働者とは「自由・平等」の関係で対峙している。両方、人格的な関係をとりむすんでいるわけだが、しかしこの関係が実は階級関係にすぎないということは、生産過程における資本関係において完全に暴露される。すなわち生産過程において賃労働者は可変資本として存在し、他方の客体的モメントたる生産手段は不変資本として機能する。このような関係がつかみとられないかぎり、資本の価値増殖の構造はつかみとりえないということはさっき述べた。そして、さっきあげたようなもろもろの頁を同時に参照し、つかみとってほしい。

労働の質と量

その先は、たとえば三八一頁[17]においては、「対象化された労働」と「生きた労働」、「対象化された労働」は『賃労働と資本』ないしは『共産党宣言』においては「蓄積された労働」というのと同じ言葉だが、「対象化された労働」と「生きた労働」というふうな言葉を使って若干展開がなされている。そのことは、次の頁、三八二頁の最初の六、七行はそのようなことが書かれており、八行目[18]には「労働の質」それから「労働の量」ということが問題になっている。

この「労働の質」とか「労働の量」とかいうやつが書かれているけれども、この場合の「労働の質」というのは、実はわれわれが今日使っている「質」ではなく、多様性という意味だな。われわれが今日使っている「労働の質」というのは、きのうの『ドイツ・イデオロギー』の解説のなかで説明したので言わないけれども、マルクスの『資本論』の第一巻第一篇第一章においても、この「労働の質」と「労働の多様性」――多様性という場合には鉱山労働、裁縫労働、何とか労働、林業労働というようなのが労働の諸形態だな――、そういう労働の多様性というものと、労働の質――これは労働力そのものに対象化されている過去の労働を問題にすることになるんだけども――、この問題とが、マルクスの叙述においても不明確であり、その点が抽象的人間労働の叙述にきわめて大きな問題をなげかけている。これは、学問的に解明されるべき課題としてなお残されているわけだな。この点は、『批判と展望』の竹中論文*というのに展開されているが、その見解、労働の質と量とかにかんして展開されているところは僕のノートの写しだから、その点だけは僕が責任をもつ。その他の点は、あの論文は、暴露するならば、気賀健三という慶応大学の先生の書いた本の剽窃であるわけだ。

＊「現代ソ連論ノート」『批判と展望』第3～4号

ついでにここのところで余談を言っておくと、竹中明夫という男はいま京大の大学院にいっているわけなんだが、この竹中明夫には論文がいろいろあるわけだ。まず処女論文が、ブント

〔共産主義者同盟〕へ入る直前に書いたところの、つまり一九五八年の四月に書いたところの「舵を左へ」という論文がある。この前、船の人に聞いたらば、舵を左にやると船は右に曲がるんだそうだな。大体、「舵を左へ」ということはないんだそうだ。面舵《おもかじ》だとか何とか舵とかいうことだ。ところが「舵を左へ」と言った竹中明夫は、実際問題として右へ曲がっている。この「舵を左へ」というパンフレットのなかで展開されているのは、『現代における平和と革命』の剽窃。その次に書いた竹中の論文は「国家独占資本主義論ノート」というやつなんだが、これはガリ版になって出てるが、こいつは宇野〔弘蔵〕の『経済政策論』〔弘文堂書房、一九三六年〕の剽窃。三番目に書いた論文が、去年〔一九六二年〕の『批判と展望』ならびに今年の『批判と展望』、3号、4号に載ったソ連論。とくに4号の方のソ連論というのは、右翼社会民主主義者というよりもむしろ民社の理論家としての、括弧づきの「理論家」としての気賀健三、民社あるいは右翼だな、気賀健三、その門下としての加藤寛の本の無媒介的・直接的導入、剽窃というふうになりたっておる。そして、その次に書かれた論文が『前進』に載っているところの「日韓会談と核武装とポラリス」じゃなかった、何とかという論文だが、これは構改派、ついこないだ除名された小野義彦の一三〇〇円の本、『戦後日本資本主義論』〔青木書店、一九六三年〕という本の剽窃。まあ、こういう剽窃をやるのは、しかし理論家ではない。まあ、それは余談である。これは、それで終り。

で、労働の質と量とかいう問題は、追求されるべき課題としてなお残されているわけだな。

その先、たとえば三八三頁の左の方十行目[19]ぐらい、それから三八四頁の最初の方[20]と、終りの方「資本家と労働者との」云々というところ、それから八五頁の最初の方半分ぐらいをとくに注意して読む。その頁の、八五頁の最後の行の「一般的性質」という傍点のあるのは、これは間違いだな。これはむしろ、「労働過程がその共通性」というような意味であって、さっき説明した、労働過程一般とその資本制的形態としての資本の労働過程とをごっちゃにしてはならない、ということは先ほど述べた。

それから、次の頁の三八六頁の後半部分[21]、「アリストテレス」云々てな字がでてくる近所は、『賃労働と資本』というマルクスの本で展開されていることとよく似た事柄であるから、別に説明を必要としない。次の八七頁の最初の前半、四行目[22]ぐらいのところは、資本主義社会の物神的性格、「特殊な社会的性格と労働過程とが混和される」、使用価値と歴史的な独自的な規定とが合体されて資本主義社会の物神的性格が発生するというような展開がなされている。それから、その頁の左から六行目の「労働過程とは」云々と書かれているところも、さっき言った労働過程一般とその資本制的形態との区別と連関を立体的に把握した頭脳で読まなければならない。

その次の二、三頁はふっ飛ばす。その次は相当にふっ飛ばして、三九四頁[23]にふっ飛ぶ。この三九四頁の初っ端のところでは「相互に制約しあう」ということが書かれていて、「第一過程」というふうに書かれているけれども、このことは流通過程、「第一過程」というのは生産過程の前提としての流通過程という意味であって、生産過程に対立した・それの実現結果としての流通過程ではないよな。その点はさっき説明した。これと同様なことは、三六六、三七四、三八五、三九五、三九八、四一一、四一二、四一三頁などに書かれているから、よく読む。このことは、ずうっと次の頁にもわたたって展開されている。

三九五頁の左から四行目[24]には、「物神」「疎外」という言葉がでてくるから、その前、六行目ぐらいから後のところをよく読む。大体その頁の後半だな。それから三九六頁の前半[25]を読む。まあ、これは全体だな、三九六頁全体。それから九七頁も全体的によく読む。ここのところはくりかえしだ。前のところ、さっき「〈Ⅰ〉としての資本の労働過程」、「〈Ⅱ〉としての価値増殖過程」というふうに言ったけども、あれのくりかえしが三九七頁、三九八頁[26]で展開されている。そして三九九頁[27]においては、「第二の過程」、生産過程についてくりかえされる。三九九頁の「註」の次のところは、「第二の過程」としての生産過程の論述が含まれている。

四〇〇頁[28]は、さっき言った「労働者が生産手段を使うんではなく逆に生産手段が労働者を使う」という論理が展開されていて、四〇〇、四〇一頁のこの両頁は非常に重要である。だけども、四〇〇頁の左から二行目の「独立して考察した労働過程では労働者が生産手段を使用する。だが同時に、資本制生産過程でもある労働過程では生産手段が労働者を使用する」、この言葉は間違っちゃいないんだけども、同時に不正確であり論理的にパーだということはさっき説明したので、それぞれの人たちが自分自身で考えてやってほしいと思うな。

そしてそれをうけついで、そういう構造だな、「資本の労働過程が同時に価値増殖過程となる」というその論理構造を、「労働過程の資本のもとへの従属」というかたちで展開しているのが四〇五頁の一行目[29]からである。この四〇五頁の本文は、全体としてよく読む。そして、その次の「註」を飛ばして、「註」の次にある文章も全体としてよく読まなければならない。

そして四〇八頁[30]から九頁にかけては、やはり重要な事柄で、ここでは「資本の流動性と労働の可変性」という問題が叙述されている。そして四一一頁[31]、これはやはり全体として重要。これは、労働過程とその前提としての商品の交換、労働＝商品市場の問題とのつながりだな、それについて叙述されている。大体、この近所は、すでに前の方の部分が分かっていれば、ずうっと読みこなせる。四一一、一二、一三、一四頁ということは読みこなせる。

資本のもとへの労働の包摂

そして、その次にゴチックで、「資本のもとへの労働の形式的包摂」、それから「実質的包摂」というような説明がなされていくけども、この点について説明しておく。

「形式的包摂」というのは、要するに、まあ『資本論』の言葉でいうならば、絶対的剰余価値の生産、つまり労働時間を延長することによって労働者を搾取するやり方である。これにたいして、「資本のもとへの労働の実質的包摂」という場合には、相対的剰余価値の生産の方法、つまり生産過程を技術化することによって、あるいは生産過程の技術的構成を高めることによって、労働者の搾取をより急速におこなうという生産のやり方である。そのことを、ここでは「形式的包摂」と「実質的包摂」というかたちでとらえられているわけだな。四一六頁全体[32]、一七頁の前半部分、そしてその後半というところは、大体読めば分かるようなことが書いてあると思うな。

そして四一八頁[33]には「特殊的に資本制的な生産様式」と傍点がうってある、この説明がなされているわけだ。四一八頁は全体としてよく読まなければならない。この点の「特殊的に資本制的な生産様式」という言葉の使い方は、同時に四二一頁の前半[34]、「資本のもとへの労働の実質的包摂」というゴチックのあるところの前半にも書かれている。この点の理解が非常に難しいけども、『プロレタリア的人間の論理』〔こぶし書房、一九六〇年〕の六四頁を参照してほしい。

　簡単にいうと、絶対的剰余価値の生産が支配的におこなわれているところでは、相対的剰余価値の生産のしかたというものは特殊なものなんだ。ところが、相対的剰余価値の生産というのが支配的になった場合には、以前一般的であったところの絶対的剰余価値の生産というのは特殊的なものに転落してくる。そういう関係だな。絶対的剰余価値の生産が支配的・一般的な場合には相対的剰余価値の生産、資本のもとへの労働の実質的包摂というのは特殊的なんだが、相対的剰余価値の生産というものが一般化するならば、以前に一般的であったものが特殊的なものに転化する、ということが四一八頁および四二一頁の前半に書かれている。

　そして、「実質的包摂」の第二パラグラフ、四二一頁においては、重要なこと、科学技術の、資本制的な充用（用いる）、ここのところでいろいろ、すでに説明した「資本の生産力としてあらわれる」というような（すでに説明したというのは『ドイツ・イデオロギー』のときに説明したやつだが）、そういう生産過程の技術化を前提とすることによって資本のもとへの労働の実質的包摂、相対的剰余価値の生産がおこなわれるわけだが、そういう相対的剰余価値の生産を可能にする科学技術の生産過程への適用、それによる資本の生産力の増大の問題が、次の頁にかけて展開されている。この点はよく読む必要があると同時に、『資本論』の「機械と大工業」というあたりの前後をよく読んでほしい。そういうふうに、「形式的包摂」と「実質的包摂」を一応説明してから、再び「形式的包摂」という項目があって、「補遺」というやつで、ここんところで再び、ぐちゅぐちゅ、ぐちゅぐちゅ展開されている。

四二三頁[35]は全体として重要だ。ここでは、さっき言ったところの、労働市場における人格的関係と生産過程における労働者の資本のもとへの完全なる屈服、そういう論理が（一）と（二）というふうに分けられて展開されている。四二四頁[36]も全体として重要だ。このところは読めば分かる。とくに二四頁の後半部分が重要である。

で、四二五頁のど真ん中[37]というか、「註」のすぐ前に、「本来の資本制的生産様式があらわれる」という場合の「本来の」というのは、絶対的剰余価値の生産というのにたいして、相対的剰余価値の生産が本来の資本制生産様式にふさわしい、資本制生産にふさわしい様式だという意味だな、この「本来の」というやつは。そして「註」をふっ飛ばして、その次は、四二七頁、八頁にかけては「中世的ツンフト関係」云々ということが書かれているけど、これは別に夢中になって読む必要もないだろう。

それから、その次の四三一頁[38]においては、奴隷と賃金奴隷との違いというのが三一頁の前半に書かれている。奴隷と賃金奴隷との違い、奴隷は人格として扱われないでたんに生産手段として扱われるんだが、賃金奴隷の場合には人格として認められている。労働市場なんかにおいては自由のある人格として認められている、が、しかし具体的な生産過程においては完全に従属化されてしまう。こういう構造をつかまなければならない。

それで、四三一頁の後半[39]には「賃金」のことが書かれている、左から八行目ぐらいのところ。「労働の価格は労働力の価値以下となり、あるいはそれ以上となる」という、そういう景気的な変動だな、それら賃金とは何ぞや、と。このへんは『資本論』の賃金論のところとあわせてじっくり読まないとまずいけども、とにかくそういう点がある。四三二頁[40]においては、労働の質の問題として、出来高払い賃金のことが書かれているな、一二行目。これは注意して読む。

それから再び四三三頁[41]においては奴隷のことがちょっとんばかり書かれ、それから再び資本のもとへの労働の実質的包摂ということ、相対的剰余価値の生産はどのようにおこなわれるかということが書かれている。これは、第一パラグラフは全体として傍点がごちょごちょふってあるところを読む。それから、四三六頁[42]は全体として注意して読む。三六頁から三七頁にかけて。そして四三八頁の真ん中[43]、「生産のための生産」というところは、要約的叙述だから注意して読む。

それから、四三九頁のちょうど真ん中あたり[44]、右から九行目に、価値法則、「資本制生産様式の基礎のうえではじめて完全に発展する価値法則」という言葉があるな。この点では、スターリニストは「価値法則は前近代的な社会の法則であって資本主義社会の本質的な法則は剰余価値法則である」という、スターリニストの理解のしかたに敵対するわけだな。価値法則の理解というのは非常に難しいけども、この点をよくつかむ。労働力の商品化との関係においてはっきりつかまなきゃならない。

生産的労働と非生産的労働

その先は、「生産的労働と非生産的労働」という項目のもとで展開されているわけなんだが、資本主義社会における生産的労働とは、疎外された労働、資本のもとへ従属する労働を生産的労働というんだな。だから、資本家にとって生産的な労働は、賃労働者にとってはまったく生産的ではないんだな。疎外されざる労働を本来は生産的労働と呼ぶ。疎外されざる労働を本来は生産的労働と呼ぶんだな。しかし、資本主義社会における生産的労働とは、資本の価値増殖に奉仕する労働のことである。こういう点をはっきりつかむことが、ここでの重要な問題だな。たとえば、『資本論』第一巻第五章の「生産的労働」の説明のところに「註」をつけて「この規定だけでは不十分である」という意味は、疎外されざる労働としての生産的労働の説明しか『資本論』の第一篇第五章のかの場所ではあたえられていないからそういう「註」がつけられているのであって、資本主義社会における生産的労働とは、ほかならぬ賃労働者の疎外された労働が生産的なんだということを、ここではっきりつかむ。

そして四四三頁(45)には、今日いわれるサービス労働の事柄が書かれている。今日いろいろ、サービス労働、「主婦労働」とか言われているけれどもな、そういう問題の価値論的混乱というのは、価値というものが生産過程、物をつくりだす、そういう生産過程以外のもので価値なんかつくりだされはしない、「かかあの労働」なんていうのはありえないというんだよな、経済学的には。それにもかかわらず、「かかあも働くから賃金をやれ」とかいうのは、これは改良主義の理論なんであって、その点は、こういう生産過程における資本の価値増殖との関係において価値をつかまないから、家庭、非生産過程の場における「かかあの労働」があたかも価値をうむかのごとくに錯覚するわけだな。そういう、この何というか、「主婦労働」「家事労働」とかいう労働、たしかに肉体労働は労働だけども、あれはやっぱり、ちゃんと資本家は次の労働力をつくるためにおとっつぁんに払ってんだから、別に、「かかあの労働だからよこせ」なあんていうことにはいかない。その点はやはり、こういうマルクスの叙述を通して価値論的に明らかにしなきゃならない。

それから四四五頁(46)には、租税のことがちょっとんばかり書かれている。

それから、四四六頁(47)は全体として重要だが、そこには「生産的労働とは」ということで説明がなされている。左から十行目のところは全体として、十行目じゃないな、真ん中のパラグラフ全体といったらいいでしょう、四六頁全体として「生産的労働とは」ということが書かれている。それから四四七頁(48)にも同じように生産的労働というのが書かれているな、「教師が他の教師とともに学校に雇われて」というかたちで教師のことがちょっぴり書かれているな、それは左から六行目だ。「教師の労働というものが資本の価値増殖に全面的に奉仕するんじゃなく、特殊な過渡的な形態だ」ということの把握だな。こういうのに立脚しながら、教育労働論というのも、経済学的な展開を今後われわれがやっていかなきゃならないわけだな、四四七頁の。

それから、「産業資本家のために」云々というのがあって、贅沢とはどういうことかというのが四四九頁(49)に書かれている、全体。四九頁全般、全体。贅沢は資本の価値増殖にとって、あるいは資本制生産にとって、やはり不可欠のモメントとなってしまうということが書かれている。まあ、その先にも、四五〇頁[50]、五一頁には、要するに、消費、サービス労働、レジャーブーム、バカンス、なあんて……［テープはここで終っている］。

（一九六三年七月二十三日）

編註

『資本論綱要』（岩波文庫）は「岩」、『直接的生産過程の諸結果』（国民文庫）は「国」、『資本論第一部草稿　直接的生産過程の諸結果』（光文社古典新訳文庫）は「光」と略記した。

（1）岩　一四二頁　国　一三三―一三四頁　光　二〇六頁
（2）岩　一二七頁　国　一五頁　光　一八一頁
（3）岩　一二八頁　国　一七頁　光　一八三頁
（4）岩　一二九頁　国　一八頁　光　一八五頁
（5）岩　一三一頁　国　二〇頁　光　一八七―一八八頁
（6）岩　一三〇頁　国　一九―二〇頁　光　一八六頁
（7）岩　一三一頁　国　二〇頁　光　一八七頁
（8）岩　一三二頁　国　二二頁　光　一八九頁
（9）岩　一三五頁　国　二五頁　光　一九三―一九四頁

（10）岩一三五―一三六頁　国二五―二六頁　光一九四―一九六頁
（11）岩一三七頁　国二七頁　光一九六―一九七頁
（12）岩一三八頁　国二八頁　光一九七―一九八頁
（13）岩一三八―一三九頁　国二九頁　光一九九―二〇〇頁
（14）岩一四〇頁　国三〇頁　光二〇〇頁
（15）岩一四一―一四二頁　国三二―三三頁　光二〇二―二〇四頁
（16）岩一四二頁　国三三頁　光二〇四頁
（17）岩一四四頁　国三六頁　光二〇九頁
（18）岩一四五頁　国三七頁　光二一〇頁
（19）岩一四六頁　国三八頁　光二一一―二一二頁
（20）岩一四七頁　国三九―四〇頁　光二一二―二一三頁
（21）岩一五一頁　国四三頁　光三八頁
（22）岩一五一頁　国四四頁　光三九―四〇頁
（23）岩一五九頁　国五二頁　光五〇頁
（24）岩一六〇頁　国五四頁　光五二頁
（25）岩一六一頁　国五五頁　光五三―五四頁
（26）岩一六二―一六四頁　国五六―五八頁　光五五―五八頁
（27）岩一六四―一六五頁　国五九頁　光五九頁
（28）岩一六五―一六六頁　国五九―六一頁　光六〇―六二頁
（29）岩一七〇頁　国六五頁　光六九頁
（30）岩一七四―一七五頁　国六九―七〇頁　光七四―七五頁
（31）岩一七七頁　国七二―七三頁　光七九―八一頁
（32）岩一八二―一八三頁　国七九―八〇頁　光二一五―二一七頁

㉝　岩一八五頁　国八二―八三頁　光二一九―二二〇頁
㉞　岩一八八頁　国八六頁　光二二四頁
㉟　岩一九〇―一九一頁　国八八―八九頁　光二二七―二二九頁
㊱　岩一九一―一九二頁　国八九―九〇頁　光二二九―二三〇頁
㊲　岩一九二頁　国九一頁　光二三一頁
㊳　岩一九八―一九九頁　国九八頁　光二四〇―二四一頁
㊴　岩一九九頁　国九八―九九頁　光二四一頁
㊵　岩一九九頁　国九九頁　光二四二頁
㊶　岩二〇〇頁　国一〇〇頁　光二四三頁
㊷　岩二〇三―二〇五頁　国一〇四―一〇六頁　光二四八―二五〇頁
㊸　岩二〇六頁　国一〇七頁　光二五二頁
㊹　岩二〇七頁　国一〇八頁　光二五四頁
㊺　岩二一一―二一二頁　国一一三―一一四頁　光二六〇―二六一頁
㊻　岩二一三―二一四頁　国一一六頁　光二六四―二六五頁
㊼　岩二一四―二一五頁　国一一七―一一八頁　光二六五―二六六頁
㊽　岩二一五―二一六頁　国一一八―一一九頁　光二六七―二六八頁
㊾　岩二一七―二一八頁　国一二〇―一二一頁　光二七〇頁
㊿　岩二一八―二二〇頁　国一二二―一二四頁　光二七二―二七三頁

経済学入門――『資本論以後百年』をどう読むか

きょうは『資本論以後百年』の学習会だそうであるけれども、報告者にかわって僕が簡単にこの本を読むにあたってのいろいろな事柄について述べておきたいと思う。『資本論以後百年』それ自体が入門書のつもりで出されているわけであるけれども、この本の裏側にある問題意識、それがめざしているものなどの中心的な事柄について若干ふれておきたいと思う。

その前に、経済学の勉強が若干なおざりにされている現状がどこから生まれているのかということについて、コメントをしておきたいと思う。一般に活動家とかMSL〔マルクス主義学生同盟〕の同盟員たちは、経済学それ自体の研究を後回しにするという傾向があることは否めない事実である。経済学をやるにはちょっととっつきにくいという感じがあるというようなことからして、直接役立つ革命理論を中心にして追求するという傾向がなきにしもあらずである。もちろん、革命論それ自体の追求をさえ放棄している輩も存在しているということは、断固として打破されなければならないことであるが。

ところで、革命理論、経済学というものは、哲学的なものと同様にそれぞれ追求していかなければならない事柄である。が、しかしながら、経済学の場合には、最初から少しずつ積み重ねていかなければなかなかカテゴリーの理解ができないというようなことからして、後回し後回しになっているわけであるけれども、これは非常にまずい現実であると思う。

革命論は、さしあたり運動づくりや組織づくりに密着しているし、われわれがどのような社会を実現するかということを基礎づけるという意味において絶対不可欠のものであるがゆえに、それにすぐ飛びつくわけである。ところが、経済学となると、「商品」から始まって「諸階級」に終るあの『資本論』の体系がでーんと構えているということからして、とっつきにくい。で、やろうと思っても、最初の価値論あたりで挫折したり、せいぜいいっても「労働過程」から始まって「大工業」のあたりで挫折してしまう。結局、『資本論』第一巻の前半部分で終ってしまうというような傾向がある。これは非常にまずい。そのような傾向を打破するために、『資本論』の要約ともいうべき『直接的生産過程の諸結果』という未定稿をこれまで弁研〔弁証法研究会〕はやってきた、というように考えられるわけなのである。

経済学は、それ自体としては直接的に役にたたない。が、しかしながら、それなしにはわれわれの革命運動を実現していくわけにはいかないのである。それゆえに、われわれは、革命論と経済学との関係についての把握を明確にまずもっておさえておく必要があるだろう。

経済学と革命理論

いうまでもなく、経済学は、われわれが変革すべき対象的現実、すなわち資本主義経済の本質的な構造ばかりでなく、段階の構造、それから各国資本主義の現状分析などの全体にわたる理論体系を指しているわけである。現状分析のような現実論的な問題を追求するためには、その前提として、やはり、経済原理論あるいは資本制経済本質論をつかんでおかなければ明確には展開できないし、それだけでなく帝国主義段階論などの把握を一応なしとげていないならば、現状分析も歪んでしまう。そのような学的体系をマルクス経済学はなしている。その意味で、それに四つにとりくむことはきわめて難しい問題なのである。

革命理論の場合には、まだ理論的な体系性をなんらもっていない。マルクスが、レーニンが、そしてトロツキーが、さらにスターリンや毛沢東が、その時々の階級情勢に密着したかたちで戦略論、戦術論あるいは組織論などを展開してきた。このような理論を歴史的現実との関係においてとらえるだけでなく、そこからわれわれはマルクス主義革命理論といいうるようなものを構成するために努力しているわけなのである。

このように、マルクス主義の革命理論の場合には、ひとつの理論体系というようなものをわれわれはなおもっていないということからして、或る意味では、これから自分自身がやるという意味で、やりやすい面をもっているわけである。ところが、マルクス経済学の場合には、『資本論』とかレーニンの『帝国主義論』とかいうものが壮大な体系をなしてわれわれの前に提示されている。その意味で、このような大きな体系ととりくむことは初めから難しいという感を抱かざるをえなくなるわけなのである。

しかしながら、われわれが変革すべき対象的現実としての資本主義社会の経済構造を分析するために、原理論・段階論・現状分析という三つの部分からなるマルクス経済学の体系をつかむことは、絶対に避けることができない。それればかりではない。われわれの直接的現実としての資本主義経済を変革してどのような社会を創りだすか、いわゆる共産主義社会をどのように創りだすかということにかんしても、ただもっぱら革命理論からはできないのである。どうしても経済学が必要になってくる。なぜならば、創りだされるべき社会というのは、ただたんに国家権力をうちたてるとか、あるいは直接的民主主義にもとづいて生産の直接的管理をおこなえばいいんだ、といった簡単な問題なのではない。

たしかに、共産主義社会を実現するためには、まずもってブルジョア国家権力を打倒しプロレタリアート独裁国家をうちたてなければならない。このプロレタリアート独裁国家の実体的基礎は、いうまでもなくソビエトであるわけだ。このようなソビエトやそれを実体的基礎とした統一ソビエトとしてのプロレタリアート独裁国家権力がたとえうちたてられたとしても、どのように生産を実現し、分配を従来のかたちとは異なったかたちで展開していくのか、ということについては政治学や革命理論では解明できないのである。まさに『資本論』において原理的に確立されたところの経済学を基準としつつ、社会主義社会を、いや直接的には過渡期社会を、どのように建設していくかの理論をうちたて、それにもとづいて過渡期社会の、そしてまた共産主義社会の建設がなされていかなければならないのである。いいかえるならば、プロレタリア革命というのは、経済的には労働力商品としてのプロレタリアのこの存在を変革すること、賃労働制を撤廃することにあるわけであるが、このような労働力の商品化を廃絶すること、あるいは賃労働制を撤廃するということはいかなる経済構造を実現することになるのか、ということの解明が経済学的になされなければならない。

このことは、すでに『資本論』によって資本制生産の本質が価値法則であるということが明らかにされているがゆえに、この価値法則をAufheben《アウフヘーベン》［止揚］する、あるいは廃絶するということが共産主義の目標であるというようにいってもいい。しかし、これはただたんに共産主義の目標を資本主義の経済法則としての価値法則の側から説明したにすぎないのであって、プロレタリアート独裁権力が価値法則をどのようにアウフヘーベンしていくのか、そして共産主義、その第一段階としての社会主義においてどのような生産の組織化、分配の組織化がなされなければならないか、ということそれ自体の解明にはならないのである。だから、直接的には資本主義社会、われわれが生きているこの社会の経済構造の立体的把握にとって経済学が不可欠であるばかりでなく、同時にまた、実現されるべき社会をどのようにわれわれが創りだしていくのかということにも関係してくるのである。ただたんにプロレタリアート独裁権力の樹立とか直接民主主義にもとづく生産の直接的管理というようなことだけを言っていたのでは、過渡期の経済建設は決して実現されえないのである。そういう意味において、われわれは、革命理論とともに経済学の研究を十分におこなっていかなければならないわけなのである。

さて、経済学の勉強といっても、先にふれたように、資本制経済の本質論、資本主義の段階論、典型的には帝国主義的段階論、それから各国資本主義の現状分析などのような諸分野があるわけである。われわれの運動に直接役立つのは資本主義の現状分析あるいは政治経済分析であるわけだ。これは、われわれが運動を展開する場の分析としての情勢分析との関係において、どうしても一応つかんでおかなければならない事柄であるからだ。すでにわれわれは、情勢分析とは何か、その分析方法は何かという問題をめぐって論議したさい、政治経済分析と情勢分析との関係はどうなのかというような問題について論じてきたわけで、ここで再びくりかえす必要はないだろうと思う。

とにかく、われわれの運動を展開していく場を確定するためには情勢分析が必要であるが、この情勢分析が表面的なもの、つまり政治力学主義的なものとなったり政策分析に横すべりしたりすることから免れるためには、資本主義の政治経済構造そのものの分析にふまえておかなければならないのである。したがってわれわれは、情勢分析に役立つ政治経済分析あるいは各国資本主義の現状分析、あるいは世界経済論のようなものからはじめればいいというように考えられるかも知れないけれども、しかしながら、そのようには簡単にはいかない。経済学の究極の目的は現状分析にあるわけなのだが、しかしこの現状分析を追求するためには、その前提として帝国主義的段階論だとか、さらにその根底にある資本制経済の本質論をつかんでいなければならない。

その意味で、われわれは現状分析もやらなきゃならないけども、本質論あるいは段階論もまた追求しなけりゃならないというような羽目に陥る。で、どちらから先にやったらいいかということは、その時その時に決められなきゃならないけれども、やはりマルクス経済学の原理的なものの把握に出発することなしには、現状分析それ自体も表面的なもの、あるいは新聞記事的なものに堕してしまうわけである。しかしながら、マルクス経済学の本質論だけでもって踏みとどまるならば、これまた実際の役にはたたないということもあるわけなのである。

マルクス経済学の核心を把握するために

が、とにかく、このような悪循環を突破する拠点は、あくまでもマルクス経済学の原理、あるいは資本制経済本質論の核心的なものをつかみとることが大切だろうと思う。その意味で、われわれは、マルクス経済学の集約をなしているところの『賃金・価格および利潤』とか『直接的生産過程の諸結果』などの学習からはじめているわけなのである。

その場合、マルクス経済学の全体系にかんする入門書的なものがほとんど無いということが、非常に不便なわけなのである。それは、われわれによってつくりだされなきゃならないものなのである。たとえば、スターリン主義者の『経済学入門』とか『経済学講義』とかいわれているものを読んでも、これは、間違ったマルクス経済学の把握への入門でしかないわけであり、そしてまた、たとえば宇野弘蔵の『経済原論』〔岩波書店、上一九五〇年、下五二年〕などを把握することから出発するということも考えられるけれども、しかしながら宇野経済学は宇野経済学としてマルクス経済学とは異なる。その意味で、マルクス経済学への入門書という意味を、宇野の『経済原論』はもっていない。が、しかしながら、宇野の『経済原論』を把握することによって逆にマルクス経済学の優越性をも把握できる、というような関係にあるわけなのである。

したがって、どこからはじめていいかという問題については一概に答えるわけにはいかない。が、少なくとも言いうることは、マルクスの遺した『賃金・価格および利潤』とか『直接的生産過程の諸結果』とかいうものからマルクス経済学のガイストをつかみとり、それから宇野経済学などを研究する、というのが一番いい道であろうと思う。その場合、われわれはしばしばふれてきたように、エンゲルスによるマルクス経済学の解説、たとえば『アンチ・デューリング論』第二部〔第二篇 経済学〕で展開されているようなものはあまり役にたたないと思う。が、しかしながら、役にたたない、あるいは間違ってマルクス経済学を把握してしまうという事態がうみだされるからといって、エンゲルスによる解説を読んではならないということにはならないのである。やはり、われわれは、エンゲルスの『アンチ・デューリング論』などで展開されているマルクス経済学の解説などをも、一応読まなければならない。『直接的生産過程の諸結果』を読んだ諸君は、やはり『アンチ・デューリング論』の第二部などをも読む必要が絶対あるのである。

さて、マルクス経済学の枢軸は、マルクス自身が語っているように価値論あるいは商品論にあるわけであって、したがって、われわれもまた価値論あるいは商品論そのものの把握を出発点とすることが絶対に必要であろうと思う。

労働戦線の場合には、賃労働者としてのおのれとはなんぞや、賃労働制の撤廃ということを理論的に深めるために、賃金論を経済学的につかまなきゃならないということがでてくるわけであるけれども、学生運動の場合には、賃金論あるいは労働力商品それ自体の問題が問題となることはあまりないわけである。したがって、商品論あるいは価値論それ自体の研究ということも何かちょっと縁遠いような気分になってしまうわけである。が、しかしながら、価値論あるいは商品論を追求するということは、実現されるべき社会において労働者はどのような存在形態をとるのかというような問題にも重なってくるのであり、したがって当然にも、マルクス経済学の精髄をなすところの価値論あるいは商品論をまずもって基本的につかんでおく必要があるだろう。が、しかしながら、この商品論をつかみとるためには、やはり資本の直接的生産過程とはいかなるものであるかということを前提的に把握しておいた方が理解しやすい。その意味でわれわれは、つねにかならず『直接的生産過程の諸結果』の学習をもってマルクス経済学への入門としているわけなのである。

ところで、マルクス経済学の核心をなす価値論それ自体がスターリニストどもによって歪められているのが現状なのである。それゆえに、われわれは、この問題を中心にして追求する必要がある。それだけではない。スターリニストによるマルクス商品論の歪曲のそもそもの元祖がエンゲルスにある。その意味においてわれわれは、エンゲルスの本のなかで最もよく読まれている『空想から科学へ』、『アンチ・デューリング論』という本からの抜粋からなりたっているこの『空想から科学へ』をとりあげて、それの批判的考察を『資本論以後百年』で若干展開したわけなのである。

この『資本論以後百年』を読む場合には、はじめから読まない方がいいと思う。たとえば第Ⅱ章においては、日本スターリニストによるマルクス経済学の歪曲の主要点が述べられ、続いて第Ⅲ章においては、マルクス商品論が今日のスターリニストによってどのように歪め縮められているかということを追求し、そしてさらに第Ⅳ章以下で、エンゲルスの『空想から科学へ』第三章で展開されている経済学とも史的唯物論ともつかないようなものの一面性、その欠陥、その誤謬についての追求がなされているわけである。したがって、まずもってこの第Ⅳ章、『空想から科学へ』の第三章に即して追求されているところあたりから入っていくのが一番いいと思う。なぜならば、これまでに追求してきた『直接的生産過程の諸結果』とは異なる展開が『空想から科学へ』のなかにみられるということが、パラグラフごとに展開されているからである。この第Ⅳ章は全部読む必要はないのであって、マルクス恐慌論の歪曲や構造改革理論の淵源をなしているところのエンゲルスの国家資本主義論のようなもののところは省いて、それの前までを一応追求していけばいいと思う。

ここでは、さしあたりまず、『資本論以後百年』それ自体にはそれとして書かれていないところの、その背後にある問題意識についてふれておきたいと思う。

I　『資本論以後百年』の背後にある問題意識

『資本論以後百年』の根底にある、あるいはその背後にある問題意識は、ただひとつしかない。それは、マルクス商品論あるいは価値論を主体的に再把握することである。

「労働の量・質」分配について

なぜこれが必要であったかというならば、まず第一に、過渡期社会における「労働の量・質」分配と労働力の価値にもとづく出来高払い賃金制との関係を、理論的に明確につかみなおすということが課題であったのである。

今日の歪められたソ連労働者国家においては出来高払い賃金制に似た形態が存在しているということは、われわれにとっては周知の事実である。が、しかしながら、今日の構改派の連中、もはや構改派とはいえないけども共労党モモンガー一派〔いいだもも一派〕などの連中においては、出来高払い賃金制に似た形態というような表現をとらない。「今日のソ連邦における分配はブルジョア的なものである」というように簡単に片づけてしまっているのである。だから、われわれのような問題意識、資本主義社会における賃労働者の出来高払い賃金制と、過渡期社会における出来高払い賃金制に似た形態としてのスターリン的分配方式、「労働の量・質」分配との区別などということについてはまったく問題意識にない。しかしながら、われわれは、歪められたソ連労働者国家における「労働の量・質」分配を経済学的に解明することをおこなわなければならないわけであり、その問題を従来のレベルからひきあげることが、『資本論以後百年』の根底にある唯一の、といっても言いすぎではない問題意識なのである。ということは同時に、一九六一年九月の『早稲田大学新聞』〔第八四七〜八四八号〕に掲載された「現代ソ連論の根本問題」という論文の自己批判をも含んでいるわけなのである。

ここで若干補足しておきたいと思う。新日本出版社発行の代々木〔共産党〕系の雑誌『経済』の〔一九六九年〕九月号（だと思ったけども）において、聴濤なんとかという人〔聴濤弘〕が「トロツキストの社会主義論批判」というような論文を書いている。これは、おそらく副島種典だと思う。なぜならば、この論文の最後においては、トロツキストの社会主義論の批判ばかりでなく今日のソ連邦のいわゆる社会主義経済学なるものについて嫌みを言っているのである。すなわち、「社会主義という形容詞をかぶせた商品だとか市場だとか工業だとか何とかいうようなことを言っているけども、社会主義というのは商品生産が廃棄された社会なのに」などということを公然と書いている。そういう意味で、副島種典あるいはその一派の人間がこの論文を書いたかのように思われるのである。＊もちろん、今日の代々木系のいわゆる社会主義経済学者なるものは、ソ連派から「自主独立」派に転換した者や、かつては中共派であった者が「自主独立」派に転換した者などが雑炊的に入り乱れ、いま彼ら自身の経済学をたてなおすという方向にあるのであるからして、明確に断言しえないけれども、しかしとにかく副島種典系統の人間が執筆したものだということは明らかである。そして事実、「註」としてあげられているところのものは副島とその一派の書物であるからだ。

＊　『資本論以後百年』（こぶし書房）二一一頁の註35参照。

それはともかく、この論文のなかに「現代ソ連論の根本問題」という論文からの引用がたった一箇所なされている。これは、「労働力の『価値』にもとづいた分配」という言葉なのである。しかもその場合に、価値につけられている二重カギ括弧が意識的にとりはらわれ、そうすることによって対馬忠行の理論とまったく同一のものだというようにみなし、串刺し的に批判がなされているのである。

ところで、この唯一引用されている部分がそもそも問題なのであって、それを克服するためにこそ『資本論以後百年』が書かれたのだというようにいっても決して言いすぎではないのである。

現在では「現代ソ連論の根本問題」は『日本の反スターリン主義運動』の第一巻の「附録・二」に収められている。そして、かの部分は訂正されているわけである。たしか五四二頁の右から五行目あたりの部分であるけれども、このあたりを若干訂正してある。たとえ二重カギ括弧づきであったとしても、「労働力の『価値』を前提とした分配」が今日のソ連邦でなされているというように表現することはできないのである。「労働の量・質」分配は、労働そのものの質と量の問題から逆に労働力そのものに対象化されている過去の労働を問題にすることを意味するとはいえ、この労働力そのものに対象化されている過去の労働は、たとえ疎外されたソ連社会においてであっても価値という規定性はうけとらない。ところが、今日のソ連邦ではそれを価値とみなしている。このあたりの構造を明確につきだすことができなかったことからして、二重カギ括弧づきの「『価値』を前提とした分配」というようなことが、『早稲田大学新聞』……［テープが途切れている］

……たしかに、今日のソ連邦においては彼らいうところの「価値」を前提として生産・分配が、そして交換がなされているわけなのであるけれども、この現実のまやかしを暴露するためには、その平面にとどまってはならない。いいかえるならば、対馬忠行のように直線的に、ソ連のいう「価値」とマルクス経済学における価値とを直接的に同一視し、もって今日のソ連邦を「国家資本主義である」というように断罪することが問題なのではない。労働力そのものに対象化されている労働、これを価値というように対馬忠行は言ってしまう。が、しかしながら、労働力そのものに対象化されている労働はいかなる社会構造のもとで価値をうけとるか、というように問題がたてられなければならない。資本主義生産関係のもとにおいては、つまり労働力が商品化される場合には、労働力そのものに対象化されている過去の労働が価値という規性をうけとるのだ、というように存在論的にとらえかえさなければならない。この点が『早稲田大学新聞』の段階においては不明確であった。その意味において『日本の反スターリン主義運動』第一巻に収める場合には一箇所訂正したわけなのである。

まさに、このような訂正を理論的に基礎づけるということをめざしているのが『資本論以後百年』の、とりわけ第Ⅲ章であり、そしてまた「註41」ぐらいの対馬忠行の「社会主義」論批判の部分［「対馬忠行の「社会主義」論の意義と盲点」］であるわけなのである。

また、余談になるけれども、対馬忠行の『マルクス主義とスターリン主義』［現代思潮社、一九六六年］という例の赤い本の第二論文のあたりに、初版では誤植のままで読めない「註」の部分がある。右側の頁で、何頁か忘れてしまった。右側の頁［五八頁］の一番右の行で、何を言ってるのか分からない事柄が書かれている。

簡単にいうならば次のような意味のことである。——対馬忠行は「過渡期社会においても抽象的労働が残存する」というように書かれているけれども、これはおかしい。なぜならば、抽人労［抽象的人間労働］というのは価値の実体であるからだ。ところがプロレタリア独裁の過渡期社会においては、すでに労働力の商品化の廃絶の拠点がうちたてられているのであるから、疎外された労働の対象化の産物である商品の価値、その実体たる抽人労というカテゴリーを使うわけにはいかない、という意味のことを一九五六年の六月ごろ僕が対馬忠行に手紙を書いたわけで、このことが依然として彼の頭に残ってひっかかっていて、それにもとづいて書かれた「註」であるというように考えられるのである。簡単にいうならば、抽象的人間労働というのは疎外された労働の対象化されたものの一つの規定であるからして、プロレタリアート独裁の過渡期社会に「抽象的人間労働」というカテゴリーが残存するという対馬忠行の見解はおかしい、という僕自身の見解について、〝それはよく分からない、現時点においては、私、対馬忠行は本文のように考える〟というような意味の「註」である。

ほかならぬこの「註」の背後にある僕自身の意見、簡単にいって「過渡期社会においては「抽象的人間労働」というようなカテゴリーは妥当しない」という意見を、理論的に明らかにしたのが『資本論以後百年』の全体につらぬかれている問題意識だということなのである。で、この問題についてはこの本の全体のあちらこちらに述べられているけれども、中心的には、第Ⅲ章、マルクス商品論のスターリン主義者による歪曲の部分と、対馬忠行の「社会主義」論批判の部分〔註41〕で展開されているわけである。これにふんまえて、一九六一年九月の『早稲田大学新聞』に掲載された「現代ソ連論の根本問題」のかの一部分を訂正し、今回、『日本の反スターリン主義運動』の第一巻に収めたわけなのである。これがまず第一の、『資本論以後百年』という本の根底にあるところの問題意識である。

スターリニストの賃金論の誤り

第二の問題意識は、スターリニストの賃金論は商品の価値や使用価値にかんする間違った考え方にもとづいている、簡単にいって彼らの賃金論は価値貫徹論とでもいうような理論であって、これは間違いである、これを理論的に追求する出発点をうちかためるということ。これが第二の問題意識なのである。

価値貫徹論というのはどういうことかというと、――賃金労働者の賃金はつねに労働力の価値以下に引き下げられているのだ。なぜならば、膨大な産業予備軍あるいは失業者群が存在しているのであり、彼らの圧迫によって現場の就職している労働者の賃金はつねにかならず労働力の価値以下に引き下げられている。したがって、この価値以下の賃金を価値以上に高めるのだ、あるいは価値どおりに支払わせるのだ。価値どおりに支払わせるというのが価値貫徹論であり、価値以上に支払わせるというのが大幅賃上げだ、てなような理論づけがなされているわけである。

もちろん、一九五七年の二月頃から、このようないわゆる価値貫徹論についてのなしくずし的な自己批判がなされかけはじめているわけであるが、しかし、それは決してスムースにおこなわれているわけではないのである。このことは、青木書店から出ている『現代賃金論』第一巻〔一九六八年刊〕をみれば、おのずから明らかなことなのである。たとえ、労働者の賃金は価値以下に下げられているというような把握のしかたは間違いである、労働力の価値というのは一定の歴史的・社会的な時代のもとにおいても絶えず変る可変的なものである、というような把握のしかた（これは『資本論』第一巻第四章「貨幣の資本への転化」で述べられている）、そのような把握のしかたがちょっとふれられてはいるけれども、これが彼らの理論展開に貫徹されてはいないわけなのである。

とにかく、価値貫徹論なるものは、要するに簡単にいって、賃金論ではなくして賃金額論（この額というのは金額の額）であるわけだ、賃金額論、お値段論になってしまっている。これがスターリン主義者の賃金論の特徴的なことなのである。賃金の経済理論的な解明ではなくして賃金額論になってしまっているということは何を意味するかというと、経済学的な賃金の解明、賃金の経済学的解明と賃金闘争論とが二重うつしにされているといってもいいだろう。

われわれは過去において、闘争論とか運＝組論〔運動＝組織論〕とかというようなことを追求してきた。そして、この闘争論というような理論分野を開拓することによって、合理化論と合理化反対闘争論との区別をしたし、そしてまた賃金闘争論と賃金論との区別をも、われわれは明確にしてきたのであった。これは、われわれが闘争論という理論分野をうちかためることによって獲得したものであり、そうすることによってスターリン主義者の賃金論がなぜに賃金額論になってしまうかということをも暴露しえたわけなのである。簡単にいうならば、スターリン主義者の賃金論が賃金額論になってしまっているということは、賃金の経済学的解明と賃金闘争論とが未分化であり混同されている、まさにそのゆえにうみだされた欠陥なのだということである。

このようなスターリン主義者の賃金額論は、いうまでもなく、『直接的生産過程の諸結果』で展開されているような労働市場と直接的生産過程との連関構造、その立体的な把握がまったくなされていない。もっぱら、彼らスターリン主義者の場合には、生産過程の実現結果の面から賃金を論じる。出来高払い賃金あるいは時間賃金（前者は個数賃金ともいう）、個数賃金あるいは時間賃金というものを図解して、搾取率、剰余価値率を一〇〇パーセントとした場合、前半の四時間が支払い労働であり後半の四時間が不払い労働であるというふうにしたり、あるいは八時間分の全体を横に割って、一時間分の前半が支払い労働であり一時間分の後半が不払い労働であり、次の一時間分の前半が支払い労働でありその後半が不払い労働であるというようなかたちで論じる。賃金額の結果解釈論あるいは支払い労働と不払い労働の分類論のようなものに堕してしまっている。

もちろん、資本主義社会における賃労働者の賃金というのは後払いである。その意味において、結果から論じるということそれ自体は間違っているわけではない。が、しかしながら、このようなスターリン主義者の賃金額論においては、生産過程の前提としての労働市場における賃労働者と資本家との売買、ここでは「自由・平等」の関係をなしているということはすでに分かっているはずであるけども、ここで形式上譲りわたす、労働者が自己の労働力を賃金とひきかえに形式上資本家に譲りわたす、そして労働力を買った資本家が労働力の使用価値を「生産手段のそれとともに」生産過程において消費する、そうすることによって資本家は剰余価値を搾取する、というような内的構造についてふれた賃金論というのはほとんどないのである。もっぱら賃金額論になってしまっている。そうすることによって、どういう誤謬があるかというならば、労働力の使用価値と労働力の価値、この区別されなければならない二つのカテゴリーがまったく混同されていることである。

労働力の使用価値が、それ自体が価値であるかのように説明する人もあらわれる。あるいは労働力の使用価値というのは社会的な使用価値である、社会的な使用価値は労働力の価値である、というように「社会的な使用価値」という概念をクッションにして、労働力の使用価値と労働力の価値とを意識的に混同する輩もいるわけなのである。＊このような賃金額論に共通につらぬかれている誤謬は、労働力の使用価値と労働力の価値とをカテゴリー的に区別していないということである。もしもこの両者が混同されるならば、熟練労働・不熟練労働あるいは炭鉱労働・裁縫労働・事務労働というような労働の異質性および労働力の多様性の問題もまたぐちゃぐちゃにならざるをえないのである。それだけではない。さらに、労働力の価値を固定的にとらえる悟性主義的な考え方からして、先に述べたような価値貫徹論がでてくるわけであるけれども、景気循環あるいは産業循環のただなかにおいて賃金の上がり下がりを論じ、そのなかに価値が貫徹されていくという客観的な構造の分析が放逐されてしまうのである。

＊　たとえば舟橋尚道。『賃金論入門』（こぶし書房）一四〇〜一四一頁参照。

とにかく、スターリン主義者の賃金額論には種々の誤謬があるわけであるけれども、その根《ね》元《もと》は、明らかに労働力の使用価値と価値との区別が明確になっていないということである。このことは、一般的にいうならば、商品の使用価値と価値との関係の把握が一面化されていることに起因する。それゆえに、われわれは、スターリン主義者の賃金論あるいは賃金制度撤廃論が賃金額論に堕している根源は商品論の間違ったつかみ方にあるのだということを確認し、これを打破するためにもマルクス商品論あるいは価値論を再把握する必要がある。これが、第二の問題意識なのである。

第一の過渡期社会における「労働の量・質」分配の問題、第二のスターリニストの賃金額論の打破という問題、この両者は、いずれも労働力商品それ自体の把握、さらに一般的には人間労働の諸形態の分析にかかわってくるわけである。その面からするならば、『資本論以後百年』全体で追求されている事柄は、人間労働論、その資本制的形態、その過渡期社会における形態の具体的な分析への突破口をきりひらくという点にあったのだ、というように要約的に表現できるのではないかと思うのである。

Ⅱ 前提的に追求されるべき方法論上の問題

A 史的唯物論あるいは唯物史観と経済学との関係

さて次に、経済学を勉強していく場合に、まず第一に念頭におき、かつ把握されていなければならない問題に移っていこう。それは、史的唯物論あるいは唯物史観と経済学との関係についてである。

いうまでもなく、経済学というのは、直接的には資本主義社会の物質的構造の対象的分析、が、この対象的分析は同時に主体的分析であるけれども、とにかく直接的現実としての資本主義社会の政治経済構造の分析をめざすものであるけれども、このような分析の前提として唯物史観がなければならないし、そしてまた資本制経済本質論によって唯物史観は基礎づけられ、史的唯物論が科学として確立されるわけなのである。このような、唯物史観を前提とし、それにもとづいて直接的現実としての資本主義社会を一つの歴史的な社会、過渡的な社会としてとらえ、そして資本主義社会の物化された構造を分析する。これが経済学であり、この経済学によって、生産力と生産関係の矛盾によって発展するというように社会の歴史をつかむ史的唯物論が学問的に基礎づけられるのである。このような、形式的にいうならば、唯物史観──→経済学──→史的唯物論というような関係については、『マルクス主義の形成の論理』の第Ⅰ部の論文のほぼ真ん中あたりや『宇野経済学方法論批判』などですでに展開してあるので、それを参照してほしいと思う。

宇野弘蔵ならびにその学派においては、いまなお依然としてこのような把握のしかたを拒否し、経済学こそが唯物史観を基礎づけるのだ、というような一方的な事柄しか論じられていないわけなのである。この唯物史観と経済学との関係の立体的な把握を平板化することによって、彼ら宇野およびその学派は、唯物史観＝イデオロギーと科学としての経済学との関係というようにとらえている。このようなイデオロギーと科学、唯物史観と経済学というような問題の一面的な把握にかんしては、すでに去年［一九六八年］の『早稲田大学新聞』の影山［光夫］論文*などで論じられていることでもあるし、そのようなことを自分自身で主体的に再反省することも絶対に必要であろうと思う。しかし、このようなイデオロギーと科学、唯物史観と経済学というような問題そのものについて、ここでは立ち入らない。

＊「書評　降旗節雄著「科学とイデオロギー」」『早稲田大学新聞』第一一〇一〜一一〇四号。『唯物史観と経済学』（こぶし書房）に収録。

むしろ、ここでは次の点についての再反省が絶対に不可欠だということを簡単に述べておきたいと思う。それは、簡単にいうならば、資本制経済社会は物化された社会である。人間は存在しているけれども、それは労働力商品の担い手であるか、あるいは資本の人格化としてしか実存していないわけなのである。ところが、人間の人間との関係が物と物との関係として現象しているこの資本主義社会の構造を明確につかみとっていない場合には種々の誤謬がうまれる。

まず第一には、物化された資本制社会の経済構造を人格化したままでとらえるという偏向。これは、経済学の人間主義的な、あるいは人間学的な解釈主義とでもいったらいいと思う。この典型は、マックス・ウェーバーの解説家の大塚久雄とか高島善哉のエピゴーネンの内田義彦などが典型的なものであろうと思う。前者の大塚久雄というのは、たとえば岩波新書に収められている『社会科学の方法』［一九六六年刊］をみれば分かるし、後者の内田義彦の場合は岩波新書に収められている『資本論の世界』［一九六六年刊］というくだらない本をみれば分かるであろう。この後者については、『資本論以後百年』の「註」の8番か10番あたり［註20］でやっつけ的に問題点が羅列されているから、それを参照してほしいと思う。とにかく、さしあたりまず第一の偏向としては、資本制経済構造が物化されているにもかかわらずそれを人格化してつかんでしまうという傾向、資本主義社会の人間学主義的な把握である。

その第二は、スターリンに代表されるところの、物化された構造をそのまま本質論に横すべりさせてしまう傾向である。スターリンのかの法則論、一九五二年の『ソ連邦における社会主義の経済的諸問題』の第一章で展開されているかの法則論は、明らかに、直接的現実としての資本主義社会の物化構造と法則性の物質性、簡単にいって物化の問題と法則の物質性の問題とを区別することなく、後者を前者に解消した誤謬の産物であるといっていいだろう。対象的現実としての資本主義社会がすべて物化している、このような非人間化された社会をモデルとして、それを直接そのまま人間社会の本質論にすりかえ、そうすることによって法則からその実体たる人間を追放したスターリンの合法則性論あるいは法則性論がうみだされたのだ、ということを把握しなければならない。このことについては、『現代唯物論の探究』の第一部の第Ⅰ、第Ⅲ論文の法則について展開されている部分を参照してほしいと思う。

とにかく、一般に人間社会は、エンゲルスが言っているように、人間が意図したり意欲したりしたことが直接そのまま実現しないのである。その合成結果があらわれるのだというようにいえないことはない。これは、疎外された社会一般の構造であるといっていいだろう。しかし資本主義社会においては、さらに人間活動それ自体が物化しているのであるからして、人間の意図、目的というものを直接そこにもちだすわけにはいかない。物化された経済構造の担い手の問題として、人間の問題は追求されなければならないのである。その意味でわれわれは、人間社会の本質論、二番目には階級社会一般の理論、さらに階級社会のどんづまりとしての完全に物化した資本制社会の構造論、さしあたりこの三つは明確に理論的レベルが異なるものとしてとらえなければならない。

もう一度くりかえすと、疎外されない人間社会の本質論、そこにおける人間およびその活動のあり方についての追求、これが第一。第二には、階級社会一般における人間および階級闘争のあり方についての追求。第三は、労働力さえもが商品化されることによって全社会が商品形態をつうじて運営される、そういう資本制商品経済における物的構造とかかる物的構造の動きとしての階級闘争にかんする追求。この三者を明確に区別しなければならない。

資本制商品経済に固有な物神的な性格に幻惑されることによってエセ唯物論的な法則論を展開したのがスターリンだということを、史的唯物論との関係において全面的につかむための拠点は、たとえば『現代唯物論の探究』第二部の最後の「スターリン歴史哲学」の部分の最後の部分〔「史的唯物論から歴史哲学へ」〕を参照してほしいと思う。こういうような、人間社会の唯物論的把握、唯物《ゆいぶつ》主義的な把握ではない唯物論的な把握を明確にするためには、スターリンのような誤謬、つまり資本制経済の物化構造をあたかも社会の本質形態であるかのごとくに錯覚して法則性をタダモノ化した誤謬、簡単にいって物化と法則性の物質性の区別ができないことからうみだされた誤謬を克服することが必要であり、そのようなことを念頭においておかないと経済学を把握するということも十分になされえないと考えるわけである。

経済学の枢軸はたしかに商品論あるいは価値論にあるわけなのであるけれども、そのような理論をつかまなければならない根拠をわれわれがつかみとるためには、いま述べたような、唯物史観と経済学あるいは経済学と史的唯物論というような問題について掘りさげておくことが必要だということである。

くりかえして言うならば、まず一つの問題は、経済学によって唯物史観の公式が基礎づけられるというような一方的な宇野説にわれわれは反対する。そして、図式的に言うならば、レベルはまた違うのであるけれども、唯物史観──▶経済学、そして経済学──▶史的唯物論、そして出発点としての唯物史観が科学によって、経済学によって基礎づけられたものが二番目の史的唯物論である、というように把握すればいいと思う。

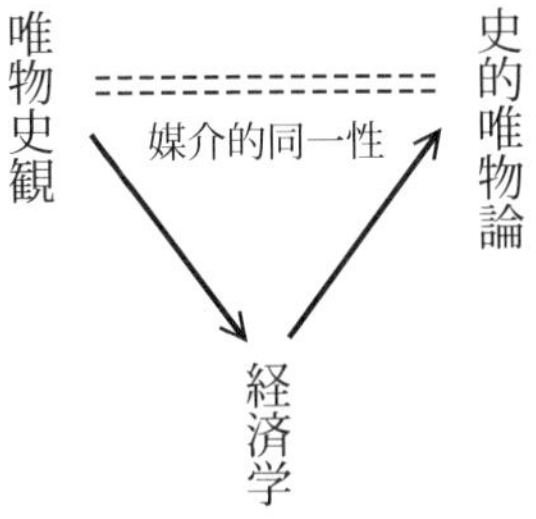

【図１】

図式化する場合に〔図1参照〕、水平に、唯物史観──▶経済学──▶史的唯物論というように書かないで、逆三角形、三角形のとんがり点を下にして、とんがった一番下の点を経済学というように書き、三角形の左上のところに唯物史観、三角形の右肩に史的唯物論と書き、左上から真ん中の経済学にむかって矢印、そして真ん中の経済学から右上の史的唯物論にむかって矢印、そして上っ側の水平になっている唯物史観と史的唯物論とは二重の点点点で結ぶ、つまり媒介的同一性をしめす。資本主義社会の学問的把握によって基礎づけられた唯物史観つまり史的唯物論という意味である、この二重線は。大体そういうように考えるのがわれわれである。この点については『マルクス主義の形成の論理』などを参照してほしいと思う。

もう一つ言ったことは、資本制社会においては人間が物化されている、この物化された構造と法則性の物質性とは違うのだということ、物化と物質性とは違うのだということを明確につかみとる必要がある。そのためには、スターリンの『ソ連邦における社会主義の経済的諸問題』の第一章で展開されている法則論のまやかしを自分自身の頭で追求する必要があるということ。そのためには、さしあたり『現代唯物論の探究』の第二部の最終章「スターリン歴史哲学」の部分で展開されている、つくりつくられる関係にある社会の構造の把握を前提的に措定しておくことが必要だということ。ここで結論的に、かつ流動的に述べられていることは、『現代唯物論の探究』の第一部の第Ⅰ論文「社会経済法則について」および第Ⅲ論文「史的唯物論のスターリニスト的歪曲」のそれぞれの部分で展開されている法則論との関係においてつかむ必要があるだろう。

その場合、注意すべきことがただ一つある。その第一であり、そしてすべてのことは、第一部の第Ⅰ論文および第Ⅲ論文で展開されている法則論は、おもに法則性あるいは法則とその実体、——法則性というのは認識される以前の客観的に存在している実在の仕組みのことをいい、法則とはかかる法則性の認識によってつかみとられたものというようにわれわれは考えているけれども、したがって、「あるいは」というのは区別と同一性をしめす言葉なのである。法則性あるいは法則という場合には、法則性というのは認識される以前のものであり、「あるいは」の後ろにくっついている法則はその認識されたものという意味である。実在あるいは認識というような両方にまたがった表現、法則性あるいは法則、その担い手たる実体というふうになっているんだけれども、とにかく法則性あるいは法則とその実体との関係を明確にしなけりゃならない、ということを述べているにすぎない。要するに、スターリンは法則性の物質性、法則性が物質的なものだということを力説するあまり、法則性したがって法則の担い手たる、実体たる人間および階級を追放してしまったのだ、ということに力点をおいて『現代唯物論の探究』の第Ⅰ、第Ⅲ論文では理論展開がなされているのである。

　ところが、第二部の最後の「スターリン歴史哲学」の部分では、このようなスターリン型の法則性あるいは法則のつかみ方の誤謬に立脚しつつ、社会がどのようなかたちで動いていくのか、発展していくのか、つまり人間がそこにあたえられているところのものを出発点としながらも、それを同時に変革してゆく歴史創造の論理の唯物論的な把握はいかにあるべきかということが、簡単に書かれているわけなのである。このことは、『資本論以後百年』の結びの章でも若干ふれられている。つくりつくられる関係についてはふれられているが、これをもうちょっと深く理解しようとする場合には、『現代唯物論の探究』の最後の「スターリン歴史哲学」の部分を参照してほしいと思う。

さて、経済学を勉強していく場合に、まず第一、Aとして注意しなければならない事柄は、史的唯物論あるいは唯物史観と経済学との関係についての把握がなされていなければならないということであった。ところで、これと密接不可分に、Bとしておさえておかなければならない第二の問題は、論理学と経済学との関係である。ちょっと大袈裟であるけれども、論理的な把握あるいは唯物弁証法と経済学との関係についての反省が是非とも必要だということである。

B　論理学と経済学との関係

すでに「A　史的唯物論あるいは唯物史観と経済学」の部分で第二番目の問題として述べておいたところのもの、つまり、社会一般の構造把握、第二は階級社会一般の構造把握、第三は完全に物化した資本制商品経済の構造把握、このレベルをはっきりつかまなければならないということを述べたし、そしてまた冒頭の『資本論以後百年』の背後にある問題意識のところで述べたように、原理論あるいは本質論、段階論、現状分析の三つのレベルを区別と連関においてつかまなきゃならないということを述べた。このことは、経済学を理論的に深めていくためには論理的な把握を、あるいは唯物弁証法を主体化していなければならないということを意味するわけなのである。

今日のわれわれは、本質論と現実論というようなことを述べてもちっとも奇異に感じないわけなのであるけれども、しかしスターリン主義者の場合には、依然としてこの本質論と現実論との区別さえもがなされていないのである。最近ではほとんど聞かないような状態になってきているわけであるけれども、たとえば武谷三男などが技術それ自体を問題にすることの必要性、つまり技術の本質論を追求しなければならないというようなことを提起したらば、当時の一九四七、八年から五〇年くらいまでのスターリニストどもは「それは生産関係を無視した生産力理論である」というように批判した。

この「生産力理論」というのは生産力を論じること、ということでなく、僕らの言葉で言うならば「生産力主義」ということなのである。この「生産力主義」という概念を当時のわれわれはなお明確にしえなかった。だから、たとえば、おそらく『マルクス主義の形成の論理』のなかに載っかっている「商品論と人間論」という論文においては、「生産力理論」というような従来スターリン主義者が使ってきた概念を用いているはずであり、『現代唯物論の探究』でもそうなっていると思われる。生産力を論じることすなわち「生産力理論」というようにさえも、かつてのスターリニストどもは考えていたのである。「技術それ自体を生産関係からきりはなして論じることは技術主義であり、生産力それ自体を生産関係からきりはなして論じることは生産力理論である」というようにスターリン主義者は言っていた。が、しかしながら、生産関係からの規定あるいは社会関係による規定を捨象して技術それ自体を、あるいは生産力それ自体を論じることが、技術主義だとか生産力主義だとかということにはならないのである。技術を論じることは技術論、技術本質論であり、生産力それ自体を生産関係からきりはなして論じることは生産力の理論なのであって、生産力主義ではない。

こういうように、技術や生産力をそれ自体として論じることは技術主義であり生産力主義であるというように考えるということは、論理的には本質論、生産関係による規定を捨象した、あるいは社会的被規定性を捨象した技術や生産力の本質論を無視する以外の何ものでもないのである。ところが、われわれは、本質論と現実論というような理論の二つのレベルを明確にしてきた。とくに『現代唯物論の探究』が、戦後日本唯物論では初めてそれを理論的に前面におしだしたわけなのである。

余談であるけれども、武谷三男の場合にはどうなっているかということを簡単にふれておこう。彼が『弁証法の諸問題』〔理學社、一九四六年〕で技術それ自体を論じるということ、これは技術本質論であって、或る一定の限界をもっているけども、それ自体正しい。ところで、彼が具体的な社会における技術を論じるという場合にはどうなるかというならば、かつては『科学と技術』〔理論社、一九五〇年〕という本、今日ではどの『武谷三男著作集』〔勁草書房〕に収められているか僕は知らないけれども、とにかく、理論社からでた『科学と技術』という本をみれば分かるように、具体的な技術の研究というと彼は生産関係の分析に横すべりしてしまうわけなのである。これは間違いなのである。

このことは何を意味するかというならば、生産関係に規定された技術というように技術の現実形態と生産関係とを統一的に把握する現実論にまではなお具体化されていない、ということを意味するのである。簡単にいうならば、一つのものの二つの側面がつねに考えられるわけであるけれども、一つのものの自然的側面、技術的側面をまず分析し、これが武谷の場合には本質論だというように考えられている。そしてその次に、この自然的＝技術的側面の反対側の社会的側面あるいは生産関係的側面を把握する。こうすることによって全体的把握がなされるのだ、というように考えているからだといえるであろう。

　このように、或る一定のものの自然的＝技術的側面と社会的＝生産関係的側面、この両者の統一において把握しなければならないということそれ自体は間違いではないのだけれども、しかしながら、その場合、生産関係的側面と相即する、あるいはそれに対立している自然的＝技術的側面は、自然的＝技術的側面一般ではないのである。やはり自然的＝技術的側面というように表現したとしても、これはつねにかならず一定の歴史的・社会的被規定性をもったそれ、われわれはこれを正′という記号で呼ぶわけである。（このことについてはすぐ後で説明する、正′という記号で説明する。）ところが武谷の場合には、自然的＝技術的側面を生産関係によって規定された、つまりダッシュのついた正ではなくして、ダッシュのない正そのもの、つまり本質そのもの、本質的側面というように考え、本質的側面としての自然的＝技術的側面と、他方、具体的な生産関係的側面との統一というように考えているのである。前者が本質論であり後者の反の側面が現実論である、というように考えられているフシがあるわけなのである。これは間違いである。

　右のことを追求するために、『資本論以後百年』の八七頁にかかげられている図解、「正―反―合」の図解を次に検討することにしよう。

Ⅲ　『資本論以後百年』の図解について

A　ヘーゲル弁証法の唯物論的改作

いうまでもなく、ヘーゲル弁証法というのは、「正―反―合」の三つ組、三肢（三つの脚《あし》、枝）をなしているわけである。トリアーデをなしている。「正↓反↓合」というような形をなしているわけである。〔次頁の図2参照〕ところが、ヘーゲル論理学における本質論の場合には、反から正へむかっての逆の矢印、これを点点点の矢印で書いた方がいいと思う。正から反への実線の矢印の反対側に反から正への点点点の矢印が入っている〔正⇅反〕。そして、反から合への実線の矢印はもとのまま、同じである。ヘーゲル論理学のSein《ザイン》〔有〕論においては「正↓反↓合」という構造をなしているけれども、ヘーゲル論理学の本質論の部分においては正と反とのあいだが二重化している。ザイン論の矢印に加えて、反から正へむかっての点点点の矢印

ヘーゲル弁証法の構造

（1）Sein《ザイン》論　正→反→合

（2）Wesen《ヴェーゼン》論　正⇄反→合

【図2】

が入っているわけである。この点点点の矢印は認識過程であり、先の実線の矢印、ザイン論においてもまた本質論においてもいずれも、実線の矢印は存在過程をあらわすわけである。

いうまでもなく、ヘーゲルの場合の存在過程というのは同時に思惟過程である、Denken《デンケン》の過程であることはいうまでもない。なぜならば、ヘーゲルの論理学の体系の原理をなすものは理念であり精神であるからだ。原理が、そのような精神的なもの、理念であるかぎり、その展開過程は、たとえ存在過程と呼ばれていても、デンケンの過程であることについていまさらくりかえす必要はない。とにかく、Sein論にしろWesen《ヴェーゼン》［本質］論にしろ、とにかく実線のところは存在過程、思惟過程としての存在過程である。これにたいして本質論の部分においては、正から実線の矢印反と、反対にむかう認識過程の矢印がある。このようなヘーゲル論理学のなかの本質論における二重構造というものを初めて明確にひきだしたのが、いうまでもなく武市健人であるわけだ。

彼の『ヘーゲル論理学の体系』という書物（岩波書店発行［一九五〇年］、いま出てるかどうか知らないけども）、『ヘーゲル論理学の体系』*という書物は、この二重構造をそれ自体としてとりだすことによって明らかにしたところの博士論文であるわけだ。そして、これを最初につきだしたのが、いうまでもなく彼の大著、七千円ばかりするところの『ヘーゲル論理学の世界』〔福村書店、一九四七年〕という彼の本であるわけだ。この『ヘーゲル論理学の世界』というのは読むのは大変だから、さしあたり岩波書店発行の、古本屋で売っているらしいところの『ヘーゲル論理学の体系』を読むか、あるいは『ヘーゲルとマルクス』**〔福村書店、一九五〇年〕とか『ニヒリズムと唯物史観』〔福村書店、一九四七年〕という小さい本があるので、どれか一つぐらいは一応ちょっとのぞいた方がいいように僕は思う。

＊　『ヘーゲル論理学の体系』はこぶし書房から復刊。
＊＊　『弁証法の急所』（こぶし書房）に収録。

とにかく、ヘーゲルの『大論理学』にしろ『小論理学』にしろ、ヴェーゼン論のところでは正と反との両方側の矢印がある、ということを明確に自覚的につきだしたのが武市健人であるわけだ。この図式をさらにふくらまして、認識の始まりとしての反と、正に媒介された反とを区別するために、反′というのを設定し亀の甲にする。大体そこに書かれているような図解、矢印のつけ方が武市と僕とでは違うけども。とにかく武市健人の場合は、どっちか忘れたけども、

武市健人の図解

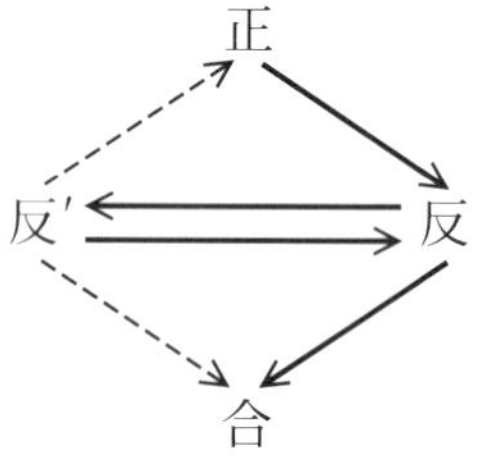

【図3】

とにかく反′あたりを認識の端緒とし、それから点点点で下向して本質としての正 These《テーゼ》へいき、そして本質としての正から存在論的な展開をおこなって反へ現象し、そして反から合へいく。そして反′という認識の端緒と合も結ぶ。そういう三角形をつくりだしたのが武市健人なわけである。〔図3参照〕

もう一度言うと、菱形の左の方を反′とし、反′から点点点矢印で上へむかって正とし、正から実線の矢印で反におり、反から合へ実線の矢印でいく。そして、反′、左の方から右下の真ん中の合へむかって点点点の矢印を付す。そして、反′と反とのあいだに相互移行、相互限定のケンカの矢印あるいは相互滲透の矢印二本、左から右への矢印と右から左への矢印をつけてもいいし、真ん中に一本ひっぱって左と右に矢印をつける。そういうような把握のしかたが武市健人によって定式化されたわけなのである。

この武市健人の図解と、そこ〔『資本論以後百年』〕に書かれている図解とはまったく異なる。〔一一六頁の図5参照〕なぜならば、武市健人のいう反′、認識の端緒というやつは『革命的マルクス主義とは何か?』の図解に位置づけるならば、B′にあたるのである。『革命的マルクス主

第２図　本質論的認識の構造

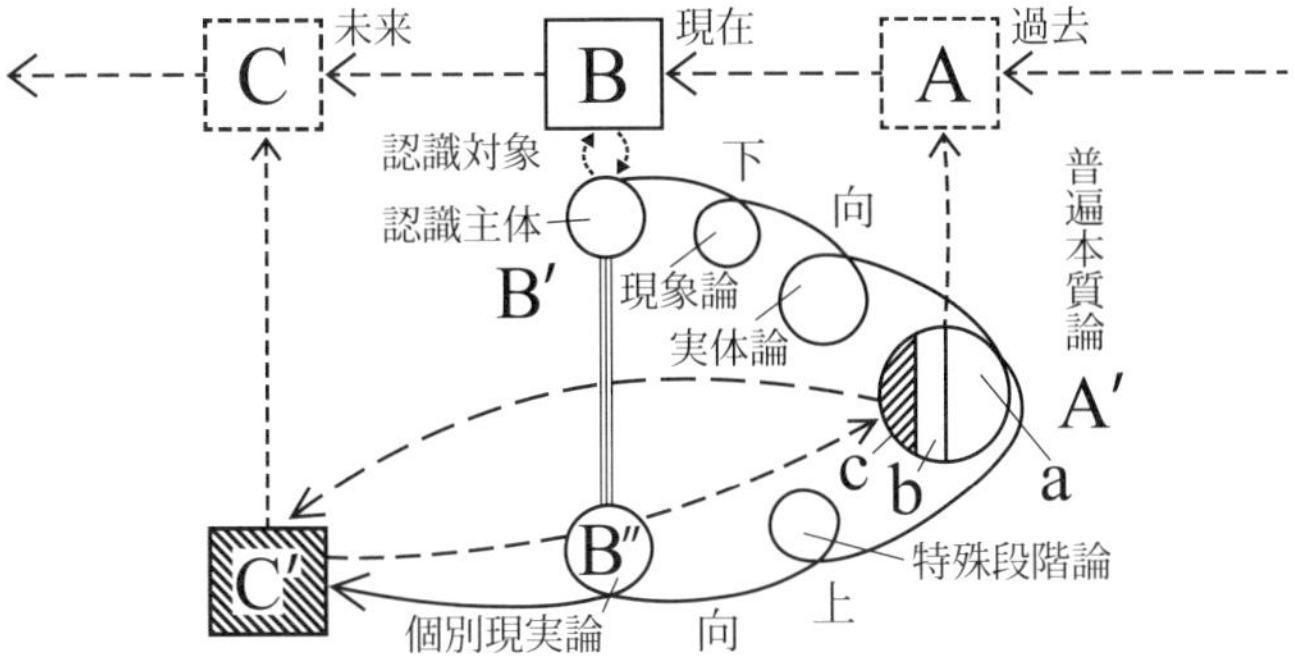

（『革命的マルクス主義とは何か？』87 頁）

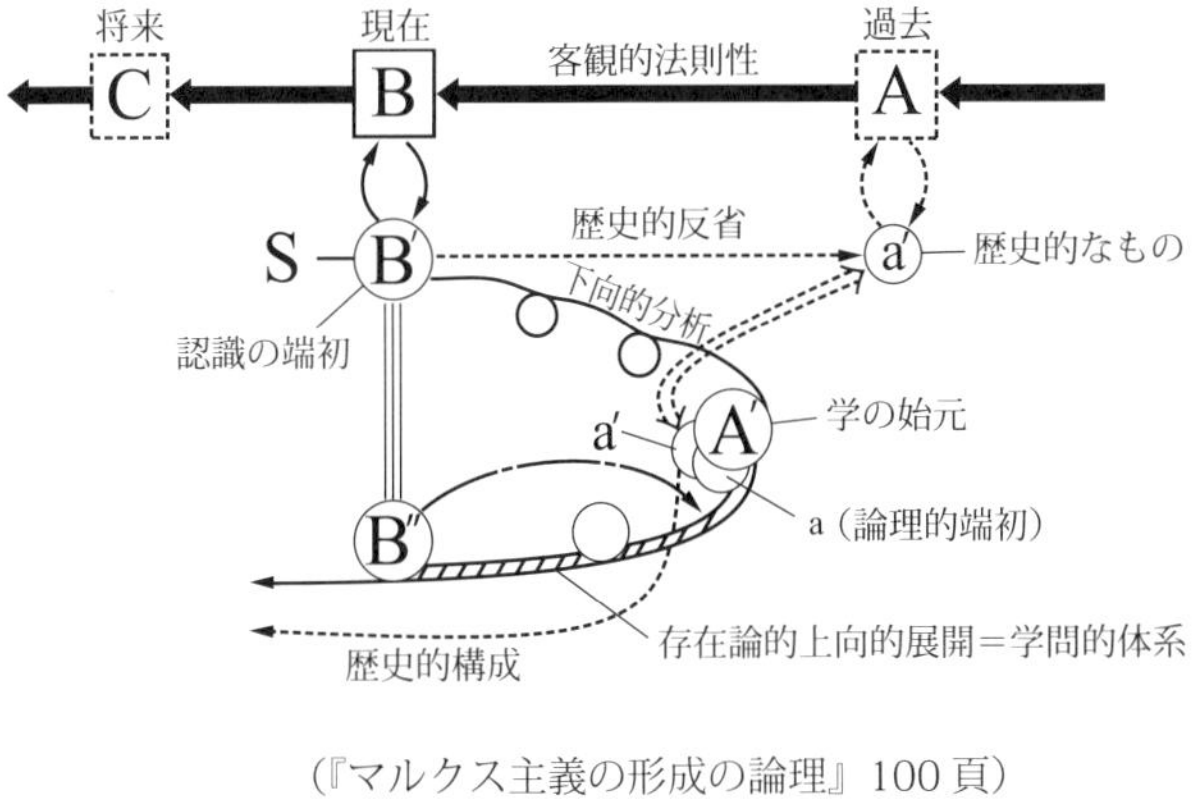

（『マルクス主義の形成の論理』100 頁）

【図４】

義とは何か?』〔新装版、八七頁第2図〕あるいは『マルクス主義の形成の論理』の一〇〇頁の図解を念頭においてほしい。〔一〇九頁の図4参照〕そこの『マルクス主義の形成の論理』あるいは『革命的マルクス主義とは何か?』の図解はすでに覚えていると思うんで、それに、記号のところに「正―反―合」の図解を入れてみよう。

そうするとどういうふうになるかというと、対象的現実が[B]であり、[B]を反映した認識の端緒がB′である、というようになっている。このB′を反′とおく。そしてA′を正と記入する。それからA′から存在論的展開のB″、この部分に反、アンチテーゼ(反)と記入する。そしてC′のところに合という記入をする。対象的現実[B]の即自的・対象的な認識あるいは現象論的認識が反′であり、反′たるB′を出発点として認識下向してA′という本質=正に下向する。そして下向のどんづまりたる本質としてのA′=正から認識の端緒としての反′を存在論的に基礎づける、つまりB″へいく。このB″は本質たるA′=正に基礎づけられたB′、つまりB″=反となるわけである。反はA′の現象形態であるけれども、この現象形態B″=反は認識の始まりとしてのB′を基礎づけたもの、存在論的に基礎づけたものである。そして、このB″=反を媒介としてA′=正が回復されたもの、それがC′=合であるわけだ。

もう一度くりかえすと、[B]が対象的現実、場所的現在における現実とS=主体との関係がまず措定される。[B]とSとからなるのが場所的現在である。主体たるSが対象的現実[B]を認識した直接性、認識の始まりがB′であり、このB′を反′と記号化する。そしてこの反′たるB′から下向してA′＝正へいく。B′を現象とするならばA′＝正は本質をあらわすわけである。そして、このA′＝正たる本質によって基礎づけられたB′つまりB″は反、本質の現象形態であると表現できるだろう。B′は現象認識あるいは現象、A′＝正は本質、B″は反＝現象形態、本質A′（正）の現象形態である。そしてこの現象形態たるB″＝反のなかに本質が回復されることによって統一されたもの、つまり合＝C′というように表現できるわけである。

「A′→B″→C′」――これが存在論的展開であり、ヘーゲルの「正―反―合」というのはこの「A′→B″→C′」にあたるわけである。そして、ヘーゲルの頭のなかの世界、観念的世界のなかにおける認識の始まり、これはヘーゲルの場合は反であるけれども、武市健人はこれを反′というふうに区別し、反と反′を区別して反′＝認識の始まり、というように表現したわけだけども、この反′はわれわれの図式におけるB′にあたるわけである。

だから、武市健人の「正―反―反′―合」のかの図式は、われわれの『革命的マルクス主義とは何か?』に載っている図式にあてはめるならば、反′がB′にあたり、正がA′にあたり、反がB″にあたり、合がC′にあたる、というようにつかまなければならない。しかしその場合に注意すべきことは、B′からC′への矢印は一切つけることができない。なぜか。いうまでもなく、本質A′（正）がその現象B″（反）を媒介として、自分自身にヨリ高次の次元で還帰したもの、それがC′＝合である。だから図解するならば、A′の上側にC′＝合が位置づくのであるからして、認識の始まりとしてのB′とC′は直接位置づけられないのである。ところが、武市健人の図解の場合には、反′と合とが矢印で結ばれている。これが、われわれと彼らとの決定的な違いなのである。これをまずもっておさえなければならない。

もともと『革命的マルクス主義とは何か?』というかの図解は、ヘーゲル弁証法、「正―反―合」の弁証法の武市健人による明確化、つまり反を二重化して反′から点点点（認識過程）矢印正「反′…→正」、それから正から実線の矢印反「正→反」、それからさらに実線の矢印合「反→合」というような叙述の反と反′をおっぴらいて、反′を認識の始まりとして位置づけ、そして反′と媒介的同一性にある反――なぜならば本質によって基礎づけられたという意味で媒介的であり、いずれも現象的なものの把握という意味では同一性をもっている、反と反′とは媒介された同一性をなしている――、反′は認識の始まり、反それ自体は本質たる正に媒介された現象形態である。そういうふうに反′と反とをおっぴらく。そうすることによって、われわれは、反′を認識の始まりに位置づけ、正を学の始まり、学の始まりたりうるのは認識下向のどんづまりだからである。認識下向のどんづまりを学の始まり、始元にしたのが正であり、正からの上向的展開において反′を基礎づけたもの、つまり反という現象形態をとらえ、そして反という現象形態と正という本質とが統一されたものが合としての現実性である、というように大体とらえておけばいいと思う。

もちろん、正は本質であり反は現象であり合は現実性である、というのはヘーゲルのカテゴリーではないのである。ヘーゲルの場合にはどうなっているかというと、反′が直接的現実性であり、正が本質であり、反が現実性、「直接的」のない現実性であり、合が必然性というように展開されている。本質と現象というのは、このトリアーデの前の段階、実存の世界あるいは現有Existenz《エクスィステンツ》の世界で本質と現象との論述がなされており、本質と現象との統一が根拠ともいわれている。で、直接的にそれがあらわれたものが本質というふうにまた言い換えられ、あるいはこれがイコール可能性としておかれ、それで可能性が現実化したものが現実性であり、現実性の展開したものが必然性である、というふうにされている。

ところで、可能性としての本質の展開によって現実性がうみだされるのだが、しかしながら、この現実性は本質が現象したものであるがゆえに本質をもっていない直接的現実性（反′）とは異なる、というような存在論的な角度からの説明がなされているのである。ヘーゲルの、たとえば『小論理学』を読んでも、反′としての直接的現実性と反としての現実性との区別は、読みとるのになかなか難しいのである。が、しかしながらとにかく、ヘーゲルの図のトリアーデにおいては、反′＝直接的現実性⇢可能性としての本質→現実性、現実性→必然性というようになっているのであり、直接的現実性は認識の始まりであるけれども、現実性（反）は本質＝可能性の現実化されたものとして、反′としての直接的現実性と媒介的同一性にあるというようなことが述べられているわけである。

そのほか、偶然性のこととかいろいろなカテゴリー、絶対的な必然性、相対的必然性、いろいろなものがあるけれども、それらすべてのカテゴリーは『大論理学』の場合に述べられているのであって、すべて捨象する。さしあたりヘーゲル『小論理学』のなかの「可能性―現実性―必然性」というこのトリアーデのあたりをちょっと勉強するのは、ためになることだと思う。

それはともかくとして、いまこれまで述べてきたことは『資本論以後百年』の八七頁の図解の説明ではない。すなわち、まずもってヘーゲルのトリアーデ「正→反→合」を言い、その次に、このヘーゲルのトリアーデの本質論における部分を武市健人が図式化した「反′⇢正→反→合」、そして反と反′をおっぴらく。このおっぴらいたものを『革命的マルクス主義とは何か？』の図解にあてはめる。そうすると反′がB′にあたり、正がA′にあたり、反がB″にあたり、合がC′にあたる、というような説明をしたわけである。そしてB′とC′は点点点の矢印では結ばれない、あくまでもA′とC′とが関連をもっている、というようにわれわれはつかまなければならない。

それで、以下に『資本論以後百年』の八七頁の図解の説明にいこう。

B　『資本論以後百年』八七頁の図解

さて、『資本論以後百年』の図解の真ん中の部分［一一六頁の図5参照］は反と正′になっている。反と反′ではない。この点をまずおさえる必要がある。したがって、真ん中の部分の反と正′とを、認識の端緒としてのB′とB″にそれぞれあてはめるわけにはいかない。つまり、反はB″であり、正′はB′である、というような解釈は間違いだということはおのずから明らかなはずである。

先にも述べたように、武市健人のヘーゲル解釈をつうじてわれわれが獲得したところのものを、認識論的に、しかも唯物論的認識論的に――なぜなら[B]が亀の甲の外側にあるから――、

『資本論以後百年』87頁の図解

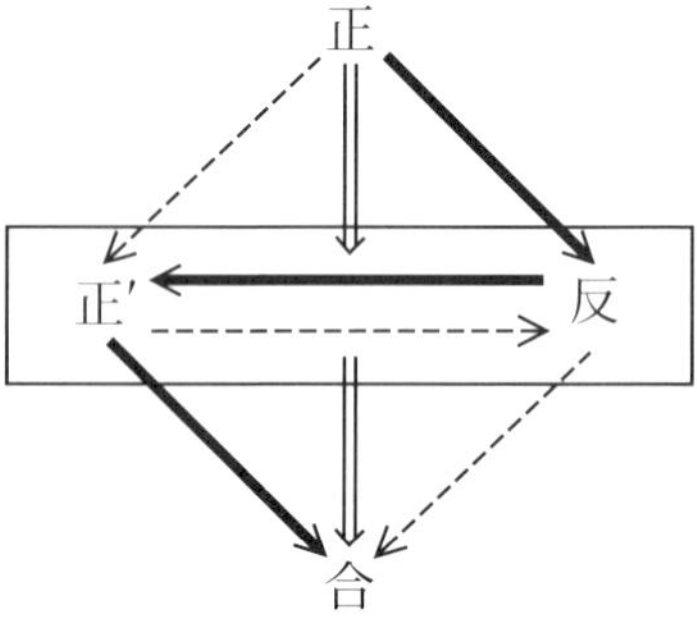

【図5】

唯物論的認識論的に改作した場合には、反′がB′にあたり反それ自体がB″にあたる、というようにした。ところが、ここで描かれているのは反と正′である点に、まず目をむける必要があるだろう。そうすると、ここのところの正′は認識の端緒たるB′ではないということはおのずから明らかなことである。とするならば、これは存在論的展開の内部に、つまり「A′→B″→C′」、この存在論的展開の内部に位置づくのだなということがただちに分かるはずである。その通りである。

この『資本論以後百年』の八七頁に載せられている図解の菱形のやつは（菱形になってないけども、まあ菱形と呼ぶとして）、これは存在論的展開の内部に位置づけられなければならないということである。すなわち、「A′→B″→C′」、この存在論的な理論展開そのものの内的構造をあらわした一つの図解であるということが明らかとなるだろう。いいかえるならば、この図式には認識下向の過程が描かれていないということである。認識下向の過程、つまり「B′→A′」というこの認識下向の過程は捨象されてある。そして、A′たる本質からどんづまりのC′

（もちろん、これはラセン的どんづまりであって、どんづまりのどんづまりではない）、このA′からC′への存在論的な学問的な理論展開過程の内部にこれが位置づくのだということを、まずもってつかむ必要があるだろう。

それを念頭において、まずはじめに記号を考えてみよう。

正、一番とんがった一番上のところの正は「本質」と書く。反を「現象」と書く。それに対立している正′を「現象のなかの本質」と書く、正′は「現象のなかの本質」。そして正′と反とをふくんだ長方形の全体を「現象形態」とでも書く。これは「形態」ともいってよろしい。そして合の場所にはさしあたり「現実性」とでも書いておく。

もう一度言うと、一番上の正が本質であり、一番下の合が現実性であり、真ん中の長方形が形態あるいは現象形態であり、この現象形態は直接的には反というものとしてあらわれ、そしてこの反の根底には正′という本質、つまり現象に規定された本質、現象のなかの本質（正′）、現象（反）に規定された本質つまり正′、あるいは現象（反）のなかにおける本質（正′）、というふうに表現する。正は本質、普遍的本質というふうに表現しよう、普遍的本質。正′は現象によって規定された本質、つまり特殊的本質というように表現できる。あるいは形態的本質というふうに表現してもいい。正′は形態的本質あるいは特殊的本質。なぜ「形態的」「特殊的」という形容詞がついてるかというと、これは、現象し、そういう現象を媒介とした条件に規定されているからなのである。

もう一度言うと、正′と反とをふくんだのが形態あるいは現象形態、あるいは現実形態といってもいい。現実形態という場合には、正′を明確につかんだ場合に現実形態と呼ぶわけである。正′が定かではない反として四角の全体をとらえた場合に、現象形態というように呼んでもいいわけである。とにかく、反を現象、正′を特殊的本質あるいは形態的本質と呼び、反と正′をふくんだ長方形を現象形態と呼ぶ。そしてまた、この四角全体を現実形態というように呼んでもいい。で、後者、現実形態というように規定する場合には、正′（特殊的本質）を明確につかまえた、つまり特殊的本質の現象形態でも反はある、というようにつかんだ場合に、この全体を現実形態という。

反をただたんに普遍的本質たる正の現象形態というようにつかむ段階、これを記号でいえば正太い矢印［↓］反、これは反あるいは長方形のやつを正という普遍的本質の現象形態としてとらえた場合である。そしてこの反の根底には正′という特殊的・形態的本質があるということがつかまれ、そしてこの特殊的・形態的本質の現象形態として反が同時につかまれる場合には、この長方形が現実形態というように把握されるのである。

長方形全体は、正という普遍的本質の側からみるならば現象形態であるけれども、反の根底にある正′の観点からみると正′の現象形態でも反はある。その意味で現実形態というように表現できる。そしてこの正′は、正の特殊的な条件のもとにおける本質であるというように表現できるだろう。だから正と正′は点点［⇣］で結ばれているわけである。実際の論理的な関係は太い矢印［⬇］でしめされている。すなわち、正⬇反、反から正′へ、正′から合へと、これが形式的な論理的過程であるけれども、同時に正から⇣正′、反から⇣合というのが描かれている点に注意を要するだろう。

　ところで、正を本質とし、反と正′をふくんだ全体の形態、これは上と下に二重の太い矢印［⇓］があるはずである、二重の矢印。直接的には正たる本質は反として現象するわけであるけれども、この反は正′をもっていない反ではない。つねにかならず正′をもった反、つまり全体の長方形たる形態として現象するのである。その意味において、正から長方形全体にむかって二重の矢印がふくまれているわけである。そしてこの長方形から合にむかっても同じく二重の矢印がつけられている。そして、真ん中の長方形の部分を空白化して考えよう。全体を反と考えることもできる。そうすると、一番上の正から二重の矢印反［正⇓反］、反から二重の矢印合［反⇓合］という形になる。これはヘーゲルの存在論的な弁証法なかんずくザイン論の弁証法が「正↓反↓合」という形になっているわけである。この「正↓反↓合」の一直線のやつを緻密化すると、いま述べたように、正から反へ、反から正′へ、正′から合へ、という基本的な形式的な運動と同時に、正から正′へ、反から合へ、という点点点の矢印がつけ加わる。

そしてまた、正′と反とは反省関係にある。反は正′の現象形態でもあり、反の本質が正′であるという意味において、反⬇正′と正′⇣反という二つの矢印があるわけである。正′⇣反は現象という矢印であり、反⬇正′は反の根底にある本質という意味である。これは相互的な関係、相互依存と相互反撥の矢印をしめしているわけである。

これは、一極的に展開しているわけであるけれども、マルクス主義の場合には、正それ自体が、たとえばAとBとの直接的統一をなしている。たとえばマルクスの場合、典型的には、社会的生産が生活手段の生産（A）と人間の生産（B）との直接的統一をなしている、というように展開される。あるいは、生産（A）と消費（B）との直接的統一が生産活動である、というような把握のしかた、さらに、商品は（A）使用価値という側面と（B）価値という側面との直接的統一をなしている、というような把握のしかた、さらに、資本の直接的生産過程は（A）労働過程と（B）価値形成＝増殖過程との直接的統一をなしている、というような把握のしかたをなしている。これは、マルクス主義の場合には、Anfang《アンファング》が、原理が、一つであると同時に二つである、二つのものではないけれども、とにかくアンファングがつねにかならず二つの実体あるいは側面をふくんでいる、というかたちになっているわけである。

これを形式主義的に理解すると、たとえば次のような図式をつくった人もいるわけである。たとえば、「正は甲と非甲との矛盾であり、反は乙と非乙との矛盾であり、合は丙と非丙との矛盾である」というような説明をする。つまり、甲と非甲との矛盾たる正が展開して乙と非乙とからなる反をつくりだし、そしてさらに丙と非丙からなる合をつくりだす、というような考え方である。これは、たとえば具体的にはどういうことをイメージに浮かべているかというならば、たとえば甲と非甲という場合には農奴と封建領主との関係、甲を封建領主とするならば非甲が農奴というようにおさえ、そして非乙をプロレタリアア、乙をブルジョアジーというようにとらえる。そしてさらに、丙を権力をにぎったプロレタリアート、非丙を残存するブルジョアジーというようなあてはめ解釈をやっている。これは、解釈上でっちあげられた「正－反－合」図式化の緻密化でしかないわけである。が、しかしながら、たとえば毛沢東の『矛盾論』を読むならば、大体このような甲と非甲との矛盾から乙と非乙との矛盾への展開、さらに丙と非丙との矛盾への発展、などというようなとらえ方があるのではないかというようにも考えられる。

あるいは、レーニンいうところの「対立の統一および闘争」というような考え方、平板的で本質と現象のない対立の統一および闘争というような考え方も、「開いて、閉じて」という形になっているわけだけども、「閉じる」場合が同一性（統一）、「開いて」という場合には闘争、対立物の統一＝同一性（閉じて）、「開いて」が対立物の闘争というようになり、閉じてる場合には甲＝非甲であり、開いている場合には甲↕非甲となり、閉じた場合には、もう一度高次の次元で閉じた場合には、よく分からないけれども、おそらく甲≡非甲というようにもとらえているのかも知れない。このようなレーニン型の「正―反―合」の理解のしかたとは、先の「正―反―合」の理解のしかたは違うわけである。正を甲と非甲、反を乙と非乙、合を丙と非丙というふうにやってしまうと、正と反、いいかえると甲と非甲との対立・矛盾がなぜに乙と非乙との対立・矛盾に転化するのか、簡単にいって甲と乙との関係それ自体の解明がなされないことになってしまうのであって、これは緻密化にみえて緻密化ではないということである。いいかえるならば、スターリン弁証法を若干くわしく説明しようとし、それを図式化したものだといえるであろう。

とにかく、われわれの場合には、いちおう原理的には、正、それから正′と反をもっているところの形態、この全体を反と呼んでもいい、*そして最後に合、「正―反―合」の図式をまずとらえなきゃならない。で、正は本質、正′と反とをふくんだ形態が反、正′と反をふくんだ全体の長方形を反としこれを形態ととらえ、そして形態（反）と本質（正）との統一が合＝現実性というように呼ぶことができるだろう。したがって、正のそれ自体の追求は本質論であり、反と正′をふくんだ長方形のところの理論展開を形態論あるいは現実論といってもいい。そして最後の正と反との統一としての合それ自体の理論追求を現実性論と呼んでもいいだろう。さしあたり二番目の反と正′をふくんだ長方形と合、この両者をわれわれは現実論と呼ぶわけである。

＊　形態（反）の図解については『実践と場所』第三巻（こぶし書房）四五六～四五九頁参照。

本質論と現実論というように分ける場合には、正それ自体の理論としての本質論と、それ以下の現象過程の二つ、長方形の形態にかんするものと現実性（合）にかんするものの両方をふくんで現実論と呼ぶ。そしてこの現実論をさらに具体的に追求する場合、たとえば経済学においては段階論と現状分析というようなものに分けられる。だがしかし、この現状分析それじたいが合であるというようにはいえない。安直にはいかない。これは非常に難しい問題であって、まだなお未解決である。そもそも、原理論・本質論と段階論との区別はできているけれども、その論理的な連関構造はなおつまびらかになっていないのである。ただ、これは直接つながられないというぐらいのことが分かっているだけであって、たとえば本質論あるいは原理論の終局と段階論のアンファングとの関係はどうかということは、なお理論的に未解決のまま残されているのである。

だが、梯明秀なんかの場合、たとえば『資本論への私の歩み』〔現代思潮社、一九六〇年〕に掲載されているかの放物線の図解をみても分かるように、資本制経済の本質論の終局は直接的に帝国主義的段階論の始まりに接続されているわけである。しかし、これは間違いである。やはり宇野弘蔵のように区切りがなければならない。だが、区切りだけではまずいのであって、このあいだの連関構造が追求されなきゃならないわけなのだが、これはなお僕自身にも明確になっていないのである。

では、レーニンの場合はどうなっているかというならば、『資本論』第三巻の最後に彼の、レーニンの『帝国主義論』が接続しているかというならば、かならずしもそうではないように思われる。なぜならば、レーニンの場合には「生産の集積」ということから『帝国主義論』が展開されているわけであるけれども、この「生産の集積」は、おそらく、『資本論』第一巻第二十三、四章で展開されているところの「資本の集中と集積」のあたりから接続していると考えてもいいかも知れない。が、しかしながら、『資本論』第一巻の第二十三、四章で展開されているのは資本それ自体の集中と集積であるけれども、レーニンの『帝国主義論』の始まりは「資本の」ではなくして「生産の集積」となっている。なぜレーニンが「生産の」というように置きかえたか、これはなお依然として未解決のままわれわれの前に立ちはだかっているのである。なぜ、レーニンは『資本論』第三巻のほぼ最後の部分で展開されているような、「私的所有の枠内における私的所有のアウフヘーベン」とか「私的所有の枠内における私的資本のアウフヘーベン」というような展開、あるいは株式会社形態論から論述を展開しなかったのか、株式会社形態というようなのではなくして「生産の集積」から始めたのはなぜかということは、なおわれわれにははっきりしない事柄なのである。

さしあたり、「正―反―合」の図式をみた場合に、一番上の正にかんする理論が本質論、原理論であり、真ん中の反と正′をふくんだ長方形のやつが現実形態論の典型的なものだ、というようにつかんでおけばいいだろうと思う。

そして、先にふれた生産力主義あるいは技術主義の問題にたちかえるならば、正′を武谷は正と区別していない。したがって技術そのもの、生産力そのものを生産関係的側面（反）から捨象して論じるという場合に、正を論じる。普遍的本質、技術の普遍的本質論を展開すべきはずなのであるにもかかわらず、彼の場合には、普遍的本質論と特殊的本質論の区別、正と正′の区別がない。だから武谷の場合には技術や生産力の本質論を分析する、つまり正を分析する、そしてその次には生産関係（反）の分析がなされる。と同時に、結果からするならば、正の分析であるものが、実は正′の分析であるかのごとくにみせかけざるをえなくなってくるのである。

　技術とか生産力とかの本質論は、普遍的本質論として正のところに位置づくべきである。そして現実の技術を論じる場合には、生産関係（反）を分析するわけなのだが、この反に規定された技術や生産力そのもの、つまり正′の分析がぬけおちてしまうのである。これでは具体的な分析にはならないのである。だから、かつて「武谷の技術論には疎外論がない」などというような批判をした人がいたけれども、これは或る意味では当然のことかも知れないのである。武谷の技術論は正の分析そのものとして位置づけ、そして『科学と技術』という本においては、反の分析がなされているけれども、正′そのものの分析は弱い。正′の分析そのものが弱いということは、技術の疎外論が欠如しているというようにもいえるのである。が、しかしながら、そのことをもって武谷の技術論は間違っているということにはならないのである。問題は、やはり、技術の普遍的本質（正）を論じることと、技術の特殊的本質、特殊的ということは反に規定されたということであり、この特殊的本質を分析すること、現実論とは区別されなきゃならないのである。

ところで、スターリニストの場合には、正そのものの分析を無視する。そして、正′のようなもの、つまり生産関係（反）に規定された技術を論じることが技術論であって、それ以上のことをやると「これは観念論である」というように山田坂仁などは言うのである。そうすると、技術とか生産力とか生産そのものの構造分析が欠落してしまうのである。われわれとしては、技術そのもの（正）と生産関係に規定された技術、現実的な技術（正′）とを分けてそれぞれ分析する必要がある。どのような場合にも、こういう、正と正′とを区別しなきゃならないのである。そして、これはたんに普遍的本質と特殊的本質の関係ばかりではない。たとえば資本主義社会そのものを分析する場合にも、普遍的本質［論］たとえば『資本論』と現実論の一つとしての段階論とが区別されるわけである。

全社会的な規模において問題を追求していく場合の普遍的本質論は社会一般論である。そして、たとえば資本主義社会論は社会の特殊的形態論である。この、社会の特殊形態である資本主義社会そのものを問題にする場合にも、その内部に普遍的本質論としての『資本論』が、特殊的段階論としての『帝国主義論』が位置づくのである。これは「商品論と人間論」という論文のどこかに展開してあるから、それを参照してほしい。

どういうことが書いてあるかというと、次のような展開である。——或る一定の運動形態、たとえば資本制生産様式あるいは資本制商品経済社会、或る一定の現象形態は、論理的により高次のもの（たとえば社会一般）あるいは歴史的に先行する社会形態（たとえば原始共産体）にとっては、論理的に次元の高いものあるいは歴史的に先行するものにとっては特殊的な形態をなすけれども、より論理的に低次（帝国主義段階論）あるいは歴史的に後続するものにとっては普遍的である、というような展開があるわけである。このような、現象形態をより高次の運動形態からとらえかえす場合と、より低次の運動形態（帝国主義）からとらえかえす場合、二つの側面からとらえなきゃならない。それ自体特殊的なものが普遍的なものとなるという関係を明確に場所的立場にたってつかまなければならない。いま「場所的立場にたって」というようにわざわざ言ったのは、場所的立場にたたない普遍と特殊にかんする理論は、たとえば毛沢東の『矛盾論』などで展開されているから、その部分を参照してほしいと思う。*

＊　増補新版『宇野経済学方法論批判』（こぶし書房）三三〇〜三三四頁の註（三四三）参照。

経済学研究の方法論

さて、以上は、経済学を勉強する場合にも方法論あるいは論理学あるいは唯物弁証法というものをつかみとっていなければならない、ということについての概略を述べたわけである。

まずはじめには、唯物史観あるいは史的唯物論と経済学との関係、これは経済学を研究する場合の前提となるべき事柄についてである。だから、われわれとしては、『ドイツ・イデオロギー』とか『社会観の探求』〔増補新版『社会の弁証法』〕などとの関係において、経済学を追求していかなきゃならないわけである。そして第二には、経済学と論理学あるいは方法論との関係を明確に意識的に追求していかなければならないということ。この両者にふんまえないかぎり、われわれの経済学の研究は一歩も前進しないということなのである。

たとえば、前者の問題、経済学と唯物史観あるいは史的唯物論との関係について言うならば、スターリニストの場合は商品経済史観に転落しているということがいえる。これは、『資本論以後百年』の第Ⅲ章でしばしば論じているわけである。この「商品経済史観」という言葉は、宇野弘蔵がスターリニスト宮川実にあたえた言葉であることはいうまでもない。

商品経済史観というのはどういうことかというと、商品経済、あるいはスターリニストの場合にはつねにかならず「商品生産」と呼ぶわけであるけども、商品生産がしだいしだいに発展して全社会をおおいつくして資本制商品生産がでてくるんだ、というように考えることを基軸とする。で、この経済学を論じる場合には、前近代社会における奴隷制、農奴制などを忘却してしまう、というような考え方なのである。史的唯物論そのものを彼らが展開する場合には、もちろん原始共産体、奴隷制、農奴制、資本制、社会主義というような段階的な発展を論じるわけであるけれども、『資本論』を中心にして彼らが経済学を研究する場合には、原始共産体から「共同体」と「共同体」のあいだに発生する商品経済を論じ、そして商品生産に移行し、そしてこの単純商品生産が直接的に発展してくると資本制商品生産が出現するのだ、というような単純な量的発展の理解が導かれてしまうのである。このことは、『資本論』の第一巻の第一、二篇、「商品および貨幣」などを形式主義的に理解し、かつ論理的なものと歴史的なものとは統一しなければならないという考えとそれのエンゲルス的基礎づけにもとづいて、あたかも前近代社会に発生した商品生産の理論化が『資本論』の第一、二篇であるというようにとらえていることからうみだされたものなのである。

そしてまた滑稽なことには、このようなスターリニスト的な歴史主義的な把握を宇野経済学にもちこんで改竄《かいざん》したのが岩田弘であり、そしてこのような岩田弘に若干ぶれたような傾向をしめしているのが『経済学方法論』〔東京大学出版会、一九六二年〕という段階の宇野弘蔵なのである。これをわれわれは、スターリニストの商品経済史観から区別して、商品経済拡大史観、商品経済が特殊的なものから普遍的なものへと拡大していく史観、というようにレッテルを貼ったのであった。もちろん、その場合に、労働力が商品化されることによって商品経済が普遍化するとか、根源的蓄積過程を媒介として資本制商品経済がうみだされるのだというような把握があるわけなのだが、しかしながら宇野の流通形態論の展開のしかた、つまり商品──→貨幣──→資本、そしてこの資本それ自体の展開をまずやって、そのあとで生産論に移行するというような彼の論述のしかたに規定されて、『経済学方法論』の段階の宇野弘蔵は商品経済拡大史観のようなものに転落した、というようにわれわれは考えているわけである。このことについては、『資本論以後百年』の註のいくつか〔註58〕の「宇野経済学派の問題点」の部分で展開されている（a）（b）（c）（d）のあたりを詳しく追求するならばおのずから明らかになると思うので、ここではこれ以上述べないことにする。

とにかく、唯物史観と経済学、経済学と史的唯物論、この関係の主体的な把握をつうじて、われわれはスターリニストの唯物史観の一面性、とくにスターリニスト経済学者が陥っているところの商品経済史観を克服することをめざさなければならないということである。

そして第二には、本質論と現実論の区別もないのがスターリニストの特徴であり、したがって、たとえば『資本論』を産業資本主義段階論とみなし、産業資本主義段階論としての『資本論』から帝国主義段階論としてのレーニンのかの本に移行し、そしてさらに、滑稽なことには、レーニンの『ロシアにおける資本主義の発達』とか毛沢東の『新民主主義論』がレーニンの『帝国主義論』に接続する新しい理論であるというような基礎づけをしたスターリニスト経済学者も存在するわけなのである。たとえばこれは、京大のたしか堀江英一などがそういう展開をやっていたと思う。とにかく、平板的な頭脳をもっているかぎり、『資本論』を資本制経済の普遍的本質論、つまり資本制経済が産業資本主義段階であろうが帝国主義段階だろうが、とにかく資本主義であるかぎりつらぬかれる本質論である、というようにとらえることができないで、『資本論』を産業資本主義段階にみあったもの、そしてレーニンの『帝国主義論』を帝国主義段階にみあったもの、というようにワン・ツー・ワンに理解する。これは鏡的反映論、歴史主義的な鏡的反映論というように、われわれは呼んでいるわけである。

このような考え方は、たとえば、右翼スターリン主義者松下圭一などにもそのまま貫徹している。『スターリン批判以後』上巻の「大衆社会論批判のために」のところをみれば分かるように、産業資本主義には「市民社会」が、そしてその上には「夜警国家」が重箱的に重なっているというように考え、そしてこの重箱から、独占資本主義、その上には「大衆社会」、その上には「大衆国家＝福祉国家」があるというように考える。この重箱的な思考法は、スターリン主義者に共通なワン・ツー・ワン的な歴史主義的な鏡的反映論とまったく同じ次元で緻密化、カギ括弧づきの「緻密化」をおこなったものにすぎないのである。

とにかく、経済学を追求していく場合にも、宇野弘蔵の三段階論、原理論・段階論・現状分析のこの三段階論を明確につかまなければならない。この三段階をつかむためにも、われわれが『現代唯物論の探究』で展開しているような本質論と現実論とのレベルの違いということをまずもっておさえる必要がある。そしてそのうえで、本質論の展開、現実論の展開、そして現実的な形態を分析する場合にも、その内部に本質的なもの、現実的なものがあるということ、この立体的な構造をつかまなければならない。

Ⅳ　「正―反―合」の図式の例解

次に、われわれは、「正―反―合」の図式化をいわば図式主義的にあてはめながら、いろいろな問題を例証主義的に解釈していこう。『資本論以後百年』を読む前提として、大体つかんでおいたらばいいなあ、と思われるような例証について、以下、二、三ひろって論じたいと思う。

（1）商品の使用価値と価値について

まず第一に、商品の使用価値と価値にかんして図式的に理解する。まず、あてはめると、真ん中の長方形の部分が商品と仮定する。そして正′の部分が使用価値であり反が価値である。そうすると、正の位置に位置づくのは何かというならば、これは生産物一般ということになる。合というのは、それ自体位置づかない。〔左頁の図6参照〕

いうまでもなく、商品というのは、生産物一般のひとつの疎外された形態である。生産物一般あるいは生産物そのものというのは、使用価値一般という規定性、有用的であるという規定性をもっている。他人のための使用価値というのは、たとえば貢物というようなもの、封建領主にささげる貢物というようなものが、その例にあたる。他人のための使用価値であると同時に交換されるもの、つまり使用価値であると同時に価値であるもの、それが商品である。大体、これが、結果解釈論的に、生産物一般、他人のための使用価値、価値と統一されている他人のための使用価値としての商品、の三つの例証的な把握である。

いまの場合、他人のための使用価値としての、しかし交換されないところのものたる貢物については捨象する。で、生産物一般と商品とを比較する。これを、「生産物の商品への転化」というかたちでとらえるレーヴィットやルカーチなど（これは「商品論と人間論」参照、『マルクス主義の形成の論理』所収）のような把握のしかたは間違っている。なぜならば、その場合には、商品交換というモメントが全然なく、あたかも生産物それ自体が商品へ転化するというように考えられているからである。「生産物の商品への独立化」とかいうような把握のしかたは間違いである。われわれは、生産物と商品との内的構造関係を分析する。その場合に、あくまでも商品というのは交換関係を媒介としてしか存在しないということを明確にとらえないと、生産物それ自体が商品へ直接的に転化するかのごとくに考えてしまうから、間違いなのである。

　さしあたり、生産物一般というのは、それが有用的なものであるという規定性、つまり使用価値をもっているわけである。こ

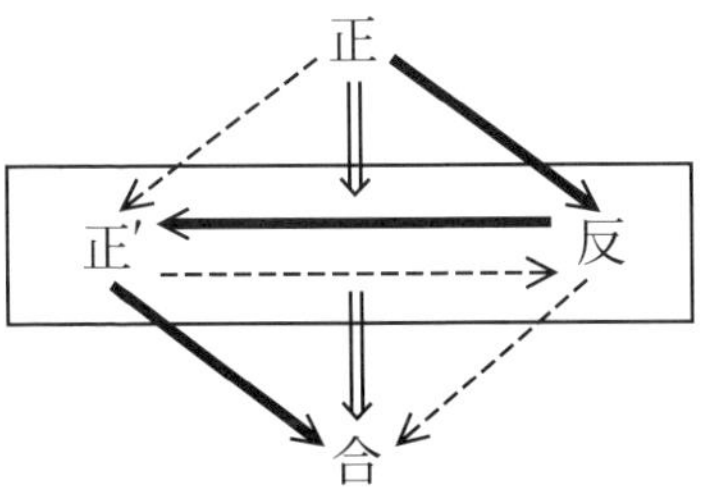

長方形を商品とすると
正――生産物一般
正′――使用価値
反――価値
合――位置づかない

【図6】

の生産物の、商品交換という条件のもとでの存在形態が商品である。これが長方形の部分である。この「商品は何よりもまずさしあたり使用価値である」というようにマルクスが論じている場合には、正′としての使用価値、つまり商品の使用価値であって使用価値一般を指しているわけではない。そして、この使用価値は「価値のトレーガーである」というような論述がなされているのである。

　ところで、『資本論』の冒頭の第一章の第二パラグラフを読むと、そこで展開されているところの使用価値があたかも正′ではなく正であるかのごとくに思われる。もちろん、マルクスの叙述も、「ものの有用性はそのものをして使用価値たらしめる」というような叙述は、明らかに正の叙述、この普遍的本質としての使用価値の説明であることは明らかである。が、しかしながら、われわれとしては、使用価値一般の説明は、あくまでも商品の特殊的使用価値、商品という存在の自然的側面の規定を説明するために、有用性、使用価値というものが説明されているのだというようにとらえなければならない。たとえマルクスは使用価値の普遍的本質のようなものを論じているとしても、あくまでもそれは、商品の使用価値、この特殊的な使用価値を説明するための手段として、あるいは価値とともにある使用価値を説明するために論じているにすぎない、ということをおさえておかなきゃならない。そしてこれは、あくまでも商品の使用価値である以上、その他の側面としての価値との統一においてある、というようにわれわれは理解しなければならない。

初版『資本論』の場合には「商品は使用価値と価値との直接的統一である」というような文章があるわけだが、第二版以後には削除されている。初版『資本論』では第一章の「商品」のところの最後の部分、現行『資本論』では第四節の「商品の物神的性格とその秘密」にあたる部分の最後にそういうのが述べられ、そして交換過程への移行が論じられているというような具合になっていたと思う。

ところで、マルクスはなぜ正′から論じ、反（価値）から論じなかったかということが、ひとつ問題になるわけである。いうまでもなく、宇野弘蔵なんかの場合には、商品の内的本質的規定を論じる場合には、まずもって商品を商品たらしめるものは価値であるから、価値から論述し、反から論述し、その次に使用価値（正′）を論じるという形式になっている。もっとも宇野の場合、商品の使用価値は正′としてかならずしもとらえられていない。宇野の場合も、使用価値一般と商品の使用価値（使用価値の特殊形態）とが明確に分化されていない。つまり正＝正′というかたち、あるいは正と正′が二重うつしにされたかたちでとらえられているのであるが、その問題はしばらくおくとして、とにかく宇野が商品の二規定を論じる場合には、まずもって商品を商品たらしめるものとしての価値を論じ、その次に使用価値を論じるというような順序になっている。

これは、宇野の商品形態論が、形態を論じ内容を論じてはいけない、形態的特殊性をまずもって論じなければいけない、内的な規定、さしあたり商品に対象化されている労働そのものの問題については流通形態論では論じられないのだ、形態は流通形態論で、商品の実体は生産過程論でそれぞれ論じなければならない、というようなことが前提的にあることからして、商品を商品たらしめているものは価値であるというように説明する。そしてこの価値は値段、価格によって説明してしまう。この冒頭の段階においては価格という概念はでてこないはずであるにもかかわらず、商品の価値を説明する場合には、交換、他の商品と交換される比率であるというような説明から、そこに値段、価格というものを論じてしまい、そして使用価値は特殊なものであるからしてというんで、二番目に商品の使用価値というかたちで、形態規定をもった使用価値というかたちで二番目に述べられる。商品の使用価値というのが使用価値一般と異なった特殊性をもつのは、ほかならぬ生産関係的側面、価値的側面があるからだ、したがって商品の価値の側面をまずもって説明し、それに規定されたかたちで商品を担っているところの特殊な使用価値を論じる、という形式になっているわけである。

これは、それ自体として非常に大きな問題をはらんでいるわけである。簡単には論じられない。われわれの「正―反―合」のこの図式からするならば、それ自体正当であるようにもみえるのである。が、しかし、やはり商品はそのダーザイン、商品体なしには存在しえないという意味で商品体あるいは使用価値（これはあくまでも正′）から論述し、そしてそれが商品価値のトレーガーであるというかたちで、正′→価値というかたちで論じるべきだというのがわれわれの見解なのである。図式的にいうならば、宇野が商品の内的構造を論じる場合には、反→正′、価値→使用価値というかたちでの叙述をしているのにたいして、われわれは正′（商品の使用価値）⋯→反（商品の価値）というような叙述をとっているわけなのである。どちらの叙述をとってもかまわないといってもいいであろう。

ところで、『資本論』というのはどういう叙述か、ということをここで考えなければならないのである。これは上向的展開をなしているというのはわれわれの見解であるけれども、宇野経済学の場合には、流通形態論は生産過程論へ下向していくというように考えられている。第二篇「生産過程論」から上向的に展開する、その前提として、歴史的な商品経済の発展に媒介的に照応するところの商品・貨幣・資本の理論を流通形態論と呼ぶ。形態という現象的側面から論述しなければならないという視点にたつがゆえに、反→正′、価値→使用価値という叙述が当然にもとられなきゃならないわけである。

ところが、われわれの場合には、資本制生産様式のElementarform《エレメンタルフォルム》〔原基形態〕としての、あるいはelementarisches《エレメンターリッシェ》 Dasein《ダーザイン》〔要素的定有〕としての商品から出発し、それを本質的に規定していく。したがって、われわれは、まずもって商品がそれなくしては存在しえないところのSubstrate《ズブストラート》基体たる商品体＝使用価値をまず論じ、そしてこの商品体が「商品価値のトレーガー（担い手）である」というマルクスの叙述が正しいと考える。そしてまた、それに対応して商品の使用価値の実体たる有用労働――この場合、マルクスは「商品の使用価値の実体」という言葉は使わない、実体という場合には価値の実体だけに使っているけれども、われわれはマルクスの例の実体と実存形態の論述のあたりからヒントを得てつくりだされた武谷の使用している実体概念を使っているわけであるけれども――、商品の使用価値の実体としての有用的労働、商品価値の実体としての抽象的人間労働というように呼んでいいと思うけれども、その二つの、商品体に対象化されている労働の二つの規定性の叙述に移っていくというように、われわれは理解するわけである。

労働生産物は人間労働の対象化の産物であるけれども、商品をプロレタリアの疎外された労働の産物として対象的にとらえることができる。もちろん、始元としての商品論をここでやっているわけではない。商品一般の構造をいっているから、そのぐらいで簡単に片づけておいていいと思う。

とにかく、宇野価値論の場合には、反＝価値↓正′＝使用価値というような論述がなされているのにたいして、われわれは、商品の二規定を論じる場合には、商品のズプストラートたる使用価値（商品体）から交換価値のトレーガーとしてそれを規定し、交換価値の叙述に、さらに交換価値の本質としての価値に移行するという叙述をとるべきであると考える。

（2）商品の価値形態について

ところで、「正―反―合」の図式を直接あてはめると、合のところにGというのを位置づけたくなる誘惑にかられるけれども、そのように簡単にはいかない。そのようなG（貨幣）の問題を論じるためには、この図式を別の次元において位置づけかえさなければならない。すなわち、正の位置に商品Aをおく、そして中間の長方形が価値形態論であるというように考え、そして最後の合がGというようにおかなければならないわけである。

ところで、いま言ったような図式だと、商品Aが二つに割れて、というような感じになるから、これはまずい。ヘーゲル弁証法の直接的なあてはめとなってしまう。むしろわれわれは、正の位置に商品A（＝商品B）というようにおかなければならない。図式化すると、WA（＝WB）というように、価値関係をとりむすんでいる商品の一つWA――価値関係というのはWA＝WBであって丸括弧はない――、価値関係をとりむすんでいる二商品WA＝WBを措定し、そのなかの一つの商品WBと関係をとりむすんでいるのだけどもさしあたりWBという商品を括弧にくくって、つまり（＝WB）、これを括弧にくくってWAだけをとりだす。そして、これの二規定を分析する。その二規定は使用価値と価値であり、また実体的には有用労働と抽象的人間労働との二重性である、というような分析がなされるわけである。

そして、このような背後にある価値関係がそれ自体として措定されたもの、それが反の全体の長方形を指すわけである。正′と反とをふくんだ長方形、これが価値形態、そして正′と反が価値形態の両極であるというように表現していいと思う。それで、反が相対的価値形態であり正′が等価形態であるというように表現できると思う。そして、この相対的価値形態と等価形態との関係にかんしては、マルクスは四つのパターンを論じ、そして最後に貨幣形態を論じ、この両者の、相対的価値形態と等価形態との展開と転換の結果としてうみだされるのがGeld《ゲルト》貨幣である、というように論じているわけなのである。［左頁の図7参照］

だから、われわれとしては、かの「正―反―合」の図式を直接そのままあらゆる場面にあてはめてはならない。適用限界ということをつねにかならず考えなけりゃならない。その適用限界ということは、本質論的レベルなのか、それとも現実論的なレベルなのかということを、つねにかならず考えなければならない。そして現実論の内部における本質論のレベル、特殊的本質論のレベル、それから現実論の内部における特殊的現実論のレベル、というようなことを明確につかんでいかなければならない。論理的な次元の相違を明確につかむことが必要である。

さっきの、正を生産物としておき、反の長方形を商品形態あるいは商品としておいた場合には、普遍的本質論と資本制的現実論との次元の異なるものにまたがった関係で「正―反―合」の図式を適用している。

これにたいして、WA（=WB）というのを正とおき、そして反の長方形を価値形態

【図7】

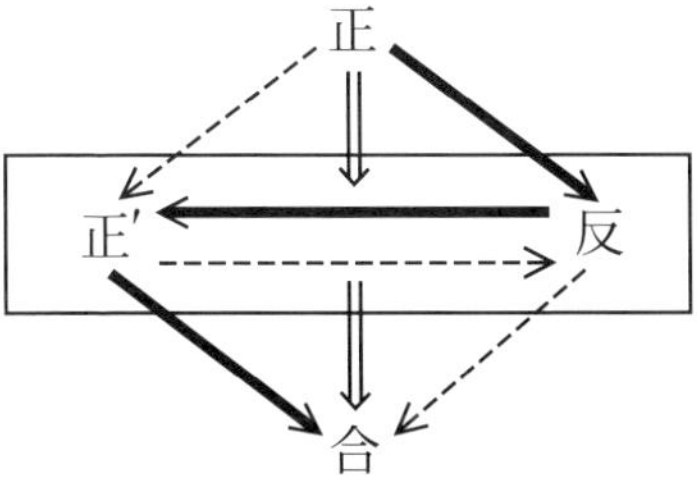

長方形を価値形態とおくと
正――商品A（=商品B）
正′――等価形態
反――相対的価値形態
合――貨幣形態

とし、そして合を貨幣形態というように位置づける場合には、商品から貨幣が論理的・必然的に導きだされるという、そういう展開である。そしてWAの二つの規定（使用価値と価値）ならびにその実体的規定（有用労働と抽象的人間労働）は、さらに商品というものそれ自体の掘り下げという意味をもっているのであって、図式化するならばWA＝WBの字にたいして垂直に上っ側に二本、枝みたいのを出したというような感じになるわけである。それは書けないから、図式化する場合にはWA＝WBの左に「使用価値・価値」、それからWBにもまた「使用価値・価値」というように書く必要があるだろう。そして＝WBの両側には丸括弧を入れておく。

ヘーゲルならば、おそらく、一つの商品Wが二つに割れて相対的価値形態と等価形態をうみだすというようになると思うけれども、マルクスの場合にはそうではない。WA（＝WB）というものの丸括弧に収まっていた部分を現実的に措定することによって、相対的価値形態にたつ商品と等価形態にたつ商品との二つが措定される。相対的価値形態の側も等価形態の側の商品も、いずれも商品であるからして、使用価値と価値、有用労働と抽象的人間労働との統一である、いずれも両者の統一であるというようにとらえなきゃならない。これは、図式主義的にあてはめていけば、このような解釈がなりたつわけである。

ところで、スターリン主義者の場合はどうかというならば、使用価値一般（正）と商品の使用価値（正′）とを明確に区別してはいない。しばしば二重うつしにしている。これは、先に技術あるいは生産力について言ったこととまったく同じである。あらゆる社会的なるものの自然的側面、これを理解できないことからして、すべて社会的なるものの社会的側面、生産関係的側面からみるという考え方があって、社会的なるもののなかの自然的なものそれ自体を抽出することは観念論、本質論ということが分からないから観念論とレッテルを貼ってしまうのである。そうすることによって、商品の自然的側面という概念も理解できない。また、そのようにするのは生産力主義、技術主義である、というような考え方もでてくるのである。

ついでに言っておくならば、使用価値というのはあくまでも物の有用性を指すのである。生産物、物は有用性をもっている、それがその使用価値、有用性がそのものの使用価値をうみだすというようなマルクスの叙述を理解できないことからして、「使用価値とはモノである」と逆に結果解釈的にとらえ、「使用価値はモノである」、そしてこの使用価値＝モノに形態規定、価値規定がかぶさると商品になるというような説明をするスターリン主義者もあるわけである。

（3）直接的生産過程について

さて、次に、もう一つの例証論に入っていこう。

いうまでもなく、資本制生産過程あるいは総過程というのは、直接的生産過程と流通過程との統一をなしているわけである。そして、前者の直接的生産過程は、また、次の二つのものの統一をなしている。すなわち、労働過程（正）と価値形成＝増殖過程（反）との統一をなしている。資本制生産の総過程のなかの直接的生産過程を正とするならば、反は流通過程であることはいうまでもない。この「直接的」unmittelbar《ウンミッテルバール》というのは、流通過程に媒介されない、即自的な、それ自体として、資本制生産の総過程をとりあげたという意味なのである。「直接的」とは流通過程に媒介されない、それ自体の生産過程という意味である。

まあ、それについては後回しにして、直接的生産過程というのは、労働過程と価値形成＝増殖過程の二つの側面の統一をなしている。これは、商品が使用価値と価値との統一をなしているというのとまったく同じ構造をなしているわけである。この資本の直接的生産過程を、かの図式に位置づけるならば、長方形の四角全体にあたるわけである。先に商品と呼びかえたのと同じである。そして正′が資本の生産過程の自然的側面としての労働過程であり、反が価値形成＝増殖過程である、と表現できる。そしてその場合には、普遍的本質としての正は労働過程一般として位置づけることができるわけである。〔図8参照〕

ところで、『資本論』第三篇第五章においては、「労働過程」のところでは、どのような論述がなされているか。現象的にみると、あたかも正、普遍的本質論、労働過程一般の普遍的本質論が論じられているようにみえる。が、しかしながら、この第五章の冒頭と最後の部分はそうではない。「資本の」という規定性についての論述がなされているわけである。これは、第二篇第四章「貨幣の資本への転化」を受けていることを端的にしめしている。ただ、これから論じるであろうところの労働過程の諸規定をあらかじめつかんでおかないかぎり十分な理解ができない、そういう考慮からして、二行あけぐらいで

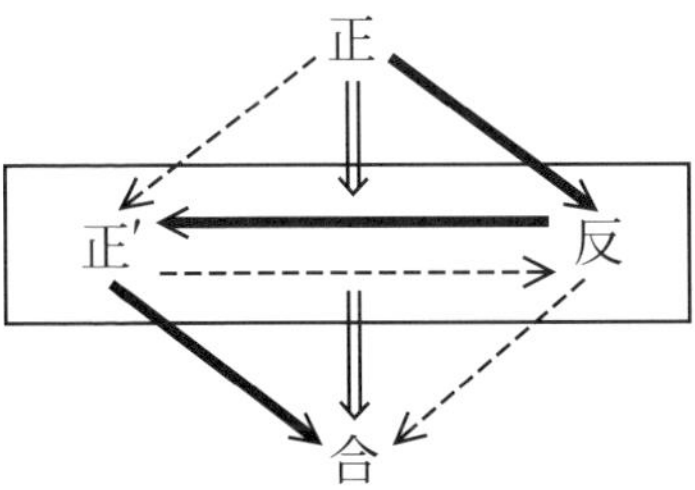

長方形を直接的生産過程とする
正――労働過程一般
正′――労働過程
反――価値形成＝増殖過程

【図8】

労働過程一般、あらゆる社会形態にかかわりのない人間と自然とのあいだの物質代謝の一般的構造の論述がなされているのである。これを曲解して、資本の直接的生産過程は正と反との統一であるというように理解するのがスターリン主義者に共通な誤謬であるばかりでなく、宇野弘蔵なんかの経済学もそのような誤謬におちこんでいることを、われわれは明確につきだす必要があるだろう。

　マルクスは、再びくりかえすと、正そのもの、労働過程の普遍的本質論を展開しているのではない。あくまでも正′を説明するための一環として労働過程一般の普遍的諸規定に論及しているのだ、というようにとらえなければならない。ちょっと考えれば、それは明らかである。なぜならば、資本の直接的生産過程における労働者は賃労働者であり、その労働は疎外された労働だということは、われわれにとっては明白な事実である。この疎外された労働という「疎外された」という規定が、図式化するならば正′のダッシュにあたるわけである。正は同じく労働であるけれども、ダッシュ、疎外という規定性をうけている。この疎外という規定性は、疎外一般ではなくして、価値形成＝増殖過程という形態をとるところの、あるいは、そういうような形態をとらせるところの生産関係を指しているダッシュであるということを、われわれは見落してはいけないのである。

資本の直接的生産過程の自然的側面は、労働過程一般ではなくして、プロレタリアの疎外された労働が実現される過程、つまり資本の労働過程であり、それは価値形成＝増殖過程との直接的統一にある、というようにとらえなきゃならない。そのようにとらえるならば、「あらゆる社会に共通な」あるいは「人間生活の永遠的な自然条件」としての労働過程＝正（普遍的本質論）と、その資本主義社会における疎外された形態としての正′、資本の生産過程の自然的側面としての労働過程とを混同するはずがないのである。すでに『直接的生産過程の諸結果』というマルクスの草稿を検討したときにもつきだされたと思うけれども、マルクスの叙述のなかには正と正′を混同したかたちで「労働過程」というカテゴリーが使われているのである。これも厳然たる事実である。これを、われわれはふくらまして読まなければならないと考える。

ところで、スターリン主義者の場合には、生産、技術、生産力、使用価値などというものは、すべて正＝正′あるいは正と正′を二重うつしにしたかたちでとらえているわけであるが、宇野弘蔵の場合にもそれとほぼ同様のつかみ方におちこんでいるわけである。すなわち、宇野学派においては、「労働＝生産過程」というものが社会の始めから終りまでずーっとつらぬかれているというように考えている。この、全社会の歴史につらぬかれている「労働＝生産過程」は、別の表現では「経済原則」とも言われているのである。経済原則があらゆる社会につらぬかれていて、それが実現される形態が異なるのだ、というように理解している。これは間違いではない。が、しかしながら、それが同時に、「労働＝生産過程」がずーっとつらぬかれているというような把握とダブっているわけである。

そして、とりわけ資本制商品経済のもとにおいては、生産過程の外部に発生した資本形態あるいは流通形態が「あらゆる社会に共通な労働＝生産過程」を掌握する、というように把握する。こういうように把握するかぎり、形態（側《がわ》、まわりの皮）とその実体、「労働＝生産過程」とは有機的に結びつかない。岩田弘の言葉でいえば、「労働＝生産過程がアンコであり、アンコの皮が流通形態だ」ということになる。饅頭は、アンコと皮とが有機的に統一してないで分離して、ただ包んでいるにすぎない。あのようなかたちに資本制生産過程も、宇野派の場合にはつかまれる。

したがって、彼ら宇野派は、資本の直接的生産過程そのものにおけるプロレタリアの疎外ということについてはまったく理解できないのである。たとえば、典型的には東大の塚本健という野郎どもは、賃労働者の労働は二つの部分、支払い労働部分と不払い労働部分に分かれる、あるいは、必要労働時間と剰余労働時間に分かれる――これまでは正しい――が、しかしながら、前者の必要労働時間あるいは支払い労働時間においては労働者は疎外されていない、剰余労働時間部分あるいは不払い労働時間部分は資本家のために働くから、ここだけが疎外された労働だ、というような形式主義的な把握におちこんでいる。たとえプロレタリア、賃労働者は必要労働時間部分を働いている場合でさえも、その労働は疎外された労働、いやいやながらの労働、強制労働であることには違いない。にもかかわらず、形式主義的に直接的生産過程とそれを資本制的たらしめる商品＝流通形態とを把握するがゆえに、塚本健のような誤謬が花開いてしまうわけなのである。

　それはともかくとして、とにかく、経済原則と等置、等しく置かれた「労働＝生産過程」が、社会の始めからずーっとつらぬかれており、前近代社会においては商品経済はこの生産過程をつかまなかった、いいかえるならば前近代社会に存在していた商品経済は実体的基礎（「労働＝生産過程」）をもたなかった、だから発展したり縮んだりした。が、しかしながら、封建制の末期に商人資本が発達し、この商人資本が産業資本へ転化していく、そうすることによって生産過程そのもの、彼らのいう言葉だと「あらゆる社会に共通な労働＝生産過程」そのもの（これは正＝正´だ）が商品形態によってつかまれると資本制商品経済があらわれる、というように考えている。ここでは明らかに、正としての労働過程一般と正´＝「資本の」という規定性をもった労働過程とが区別されることなく、「あらゆる社会に共通な」というかたちでのべったらに理解されている。

明らかに、宇野の、生産過程とその外部に発生しそれを掌握するところの流通形態との関係の把握のしかたは、形式主義的であるといわなければならない。

ヘーゲル的論理の認識論的改作

以上、簡単に「正→反」「反→正′→合」というような「正―反―合」の図式を基準としながら、生産物と商品、商品の自己展開、すなわち商品、その内的矛盾、使用価値と価値という内的矛盾が外化された形態としての相対的価値形態と等価形態との対立、外的対立における運動、その結果うみだされる貨幣形態、さらに直接的生産過程と流通過程の統一としての資本制生産の総過程の構造、さらに直接的生産過程が労働過程と価値形成＝増殖過程の統一であるということ、これらの立体的な把握について例証主義的に説明してきたわけである。

正を普遍的本質とするならば、正′は形態の特殊的本質というように位置づけることができる。ところが、普遍的本質（正）と特殊的本質（正′）とを明確に立体的につかみとることができないことからしてうみだされる誤謬は、正と正′、普遍的本質と特殊的本質とを二重うつしにすることによってそれを超歴史化する。たとえば、労働、生産、労働＝生産過程、技術、生産力などの間違ったつかみ方のほとんどすべての論理的根拠は、普遍的本質と特殊的本質とを区別しえない論理的平板性にあるといってていいであろう。

先に説明するのを忘れたけれども、「正→反→正′→合」と展開していくこの構造を、マルクスの言葉で言うならば正の位置には「内的矛盾」という概念が該当し、反と正′からなりたっている形態的矛盾はマルクスの概念でいえば「外的対立」というように表現できるわけである。マルクスは『資本論』で次のように言っている。商品そのものの内的矛盾（使用価値と価値）が外的対立において運動する、すなわち相対的価値形態と等価形態とのこの外的対立において運動する、そうすることによって貨幣形態という合が形成される、というような理論展開をおこなっているわけである。内的矛盾、その外化された形態における対立の相互関係における発展、そしてそれらのアウフヘーベンという構造は、『資本論』で展開されている。そして『経済学批判・序説』の「生産と消費の相互媒介的な弁証法」もほぼ同じような構造をなしているといってていいであろう。

要するに、「正→反→正′→合」というこの構造は、理論展開の論理的骨組みであり、存在論的な理論の論理を端的にしめしたものにすぎない。そしてこのような構造は、それを適用する主体、実践＝認識主体たるわれわれを無視して直接的にあてはめられると、たちまち誤謬に転化する。それゆえにわれわれは、この「正―反―合」の存在論的な弁証法は、すでに述べたように、上向的展開の過程の論理として位置づけなければならないのである。いいかえるならば、すでにしめしたように、反′から正への認識下向を背後にもつものとして、かの「正―反―合」の弁証法をとらえていなければならないということである。

それゆえにわれわれは、『革命的マルクス主義とは何か?』あるいは『マルクス主義の形成の論理』の一〇〇頁に展開されているあの図解［一〇九頁参照］のSの位置に、われわれの主体を移し入れていかなければならない。われわれが対象的現実たる[B]を認識し、その現象認識B′から本質への下向認識、この下向認識に媒介されてはじめて「正↓反↓正′↓合」という存在論的な弁証法の論理過程がうみだされるのだということである。したがって、この「正↓反↓正′↓合」という論理的な過程、簡単にいって「正―反―合」の展開は、A′からB″を通ってC′へいくこの存在論的な過程の論理的骨組みだということをつかまえておく必要があるだろう。そしてこのC′はA′の上側に位置づくものであって、B′（認識の端緒）からC′への点線は絶対にないのである。C′はA′の上のあたりに位置づけ、ラセン的に一致するというようにとらえなければならないのである。

それゆえに、先にしめしたヘーゲルの「正―反―合」の展開の認識論的改作、すなわちヘーゲルにおいては認識の始まりとしての反′と本質の現象形態としての反とが直接同じように述べられていたのであるが、この反′と反とをおっぴらく、そして反′をB′のところに位置づけ、反をB″のところに位置づける、というこの認識＝思惟過程のラセン的構造にふんまえつつ、かの「正―反―合」の存在論的な論理が適用されなければならないのである。論理の適用は、つねに認識主体の場所的立場において適用されないかぎりアテハメ主義に転落するのである。

これまで述べてきたような「正―反―合」あるいは「正―反―正′―合」の論理構造は、この本全体につらぬかれているひとつの、ひとつの論理であるけれども、直接的には「梯経済哲学の問題点」という「註」〔註59〕のところに若干くわしく述べられているので、それを参照してほしいと思う。

いま述べたような論理は、この『資本論以後百年』においてはじめて提起された論理なのではない。すでに『現代唯物論の探究』それ自体においても適用されている論理であるわけだ。生産力一般、社会的生産力、資本制生産力というようなつかみ方を典型的な例として、『現代唯物論の探究』の第一部の論文は「正―反―合」の図式が適用されているといっていいだろう。あるいはまた、『マルクス主義の形成の論理』の第Ⅰ部においても、マルクスの『資本論』における使用価値概念の曖昧さ、あるいは『資本論』第五章の労働過程をスターリン主義者が超歴史化して把握してしまう単純な理解の誤謬、これは同時にマルクスにおける現実論あるいは現実形態論がなお理論的に明確になっていないフシがあることをしめすものであるというような「註」が載せられているわけである。そしてまた、とりわけ「商品論と人間論」という論文においては、この論理が適用されているわけである。

経済学を勉強する場合に前提的にとらえておかなければならない事柄、つまり唯物史観と経済学、経済学と史的唯物論、こういうような科学とイデオロギーとの関連にかんする弁証法的な把握をしておかなければならないということ、第二には、経済学の研究にとって方法論が決定的に重要であるということ、そしてなかんずくこの問題を「正―反―合」の図式の認識論的かつ唯物論的な改作に焦点を合わせて、これまで追求してきたわけである。

このような前提にふんまえて、『資本論以後百年』の第Ⅳ章の『空想から科学へ』第三章の理論的問題点を扱った部分から読んでいけばいいと思う。ここでは、資本の直接的生産過程における労働者の労働が疎外された労働である、というマルクスにとっては当り前の事柄がそのように把握されていないという問題が、とくに前面におしだされている。それればかりでなく、単純商品生産者あるいは小経営からの直接的延長線上に資本制生産様式が位置づけられているという問題などが追求されている。その場合には、もちろん、先に述べたような論理が適用されているわけである。

冒頭にふれておいたように、「恐慌論の問題点」あたりの前で、この第Ⅳ章は一応中途ではしょり、その次には第Ⅲ章、スターリニストによるマルクス商品論の歪曲の項目のところを読みすすめていったらいいと思う。ここで展開されている事柄は、すでに述べたような商品の二契機のとらえ方の図式的な事柄が分かっていれば、すぐさま分かることであろうと思う。しかし、もちろんその場合に、有用労働と抽象的人間労働とのこの労働の二重性にかんする追求は、社会主義論や過渡期社会論にも直接つながっていく問題であり、社会主義社会、過渡期社会などにおける人間労働の現実形態を分析する前提を獲得することがめざされている。労働の質の経済学的な把握に焦点が合わされているわけである。

このような人間労働の質の把握のしかた、精神労働と肉体労働の問題にふんまえつつ、労働の多様性、炭鉱労働、鉄鋼労働、何とか労働というようなヨコの関係における労働の種々の形態ばかりでなく、或る一定の労働部門そのものの内部における質的な違い（異質性）、技術性が高い低い、未熟練であるとか何とかいう問題、これはタテの関係になる。労働の質を問題にする場合には、ヨコの関係（労働の多様性）と或る一定の労働形態のタテの関係（異質性）の問題とを統一的に把握しなければならないわけである。スターリニストの場合には、この労働の質の問題を扱う場合に、「多様性」とわれわれが呼んでいるところのものと「異質性」と呼んでいるところのものをごちゃごちゃにとらえているわけである。

このような労働の多様性、労働の異質性にかかわるところの労働の質の問題をさらに深く追求しようとする場合には、「註41」だと思ったけど、「対馬忠行の「社会主義」論の意義と盲点」の後半部分で展開されているような事柄に直接入っていったらいいと思う。そして、それぞれの問題点のところに「註いくつを見よ」とか「何頁を見よ」とか書いてあるからして、そのところをかならず参照することが必要だと思う。

たとえば、「抽象的人間労働」というカテゴリーと「抽象的労働」とマルクスがしばしば使っているカテゴリーとは違う、というような問題については別の「註」のところで展開されているので、そのことを念頭においてほしいと思う。とくに抽象的人間労働の把握のしかたは、対馬忠行が最もすぐれているにもかかわらず、彼の労働力そのものに対象化されている労働の把握のしかたの誤謬のゆえに、過渡期社会にも「抽象的人間労働」というカテゴリーが有効であるというような誤謬に転落しているわけであり、この点をつかみとることが絶対に必要である。そして、抽象的人間労働と有用労働のこの労働の二重性を宇野弘蔵それ自体は超歴史化してとらえ、過渡期にも社会主義にも共産主義にもこのカテゴリーは存在するというようにとらえているわけである。この労働の二重性の把握において、われわれは宇野学派と決定的に袂を分かつわけなのである。その意味で、この本は、抽象的人間労働の把握のしかたを中心として旋回しているというようにいっても決して言いすぎではないと思うのである。

そのような労働論にふんまえつつ、さらにさっき読み残した第Ⅳ章の「恐慌論の問題点」あたり以下を続けて読んでいけばいいと思う。もちろん、恐慌論のところは、宇野弘蔵の問題提起そのものを紹介したにとどまっている。が、そのような把握のしかたは、賃金あるいは労働力の価値の問題を追求する場合に絶対に避けてとおることはできないのである。

労働力の価値の本質規定は生活手段の価値によってしめされるわけであるけれども、労働力の〔価値の〕現実規定というものは、生活手段の量によって計られる。この量というのは、スタティックではなくして景気循環の過程を通して展開されていくものである。簡単にいうならば、不況のときには労働力の価値以下に賃金は下がり、好況のときには賃金は労働力の価値以上に支払われる、このような景気循環の過程をつらぬいて労働力の価値が歴史的・社会的に変動していく、このようにわれわれはつかみとらなきゃならない。労働力の価値の本質規定とその現実規定の把握がスターリニストの場合には全然追求されてはいない。このような現実規定という場合には、段階的な規定とは異なる、本質論の内部における現実規定である。このことは、恐慌論の追求とも関連している問題である。

さらに、構改派の問題とか、さらに資本制生産様式の本質的矛盾は何か、というような事柄がその後に展開されているわけであるけれども、これらの問題についてはここではふれることができない。

要するに、やはりマルクス経済学の核心は価値論にあり、その価値論を把握するためには、やはり史的唯物論が明らかにするところの労働過程の論理をつかみとっていなければならない。労働過程の論理とその資本制的形態、「疎外された労働」の哲学的把握にふまえつつ、それを経済学的に深めていく。これは『直接的生産過程の諸結果』ですでになされている。このような労働過程の資本制的形態の具体的な把握にふんまえつつ、それを前提としながら、商品論・価値論を追求していくこと。ここから、一方では賃金論の解明に、他方では社会主義論の解明にむかっていくことが必要であろうと思う。しかし同時に、他方、すでに述べたように、本質論から段階論、段階論から現実論へと、われわれの経済学的な研究は深められていかなければならないわけである。

きょうは、以上の諸点、勉強のしかたを中心とした事柄について述べておくにとどめたい。

（一九六九年九月十一日）

エンゲルス経済学の問題点

若きマルクスに経済学研究の必要を自覚させたのは、いうまでもなく、*Deutsch-Französische Jahrbücher*《ドイッチュ・フランツェーズィッシェ・ヤールブュッヒャー》［『独仏年誌』］に『国民経済学批判大綱』を執筆した、マルクスよりも二つ年下のエンゲルスであった。そして若きエンゲルスは、『イギリスにおける労働者階級の状態』という、今日の言葉で表現するならば現状分析のような研究をおこなっただけでなく、さらにその後は、デューリングの経済学にたいする批判をつうじてマルクスの経済学とはどのような方法と体系から構成されているかを明らかにしようとした。そして、マルクスの『経済学批判』という本の書評、あるいは『資本論』で展開されているような内容の要約、解説のような仕事をおこない、そして結局、マルクスの死後『資本論』第二巻、第三巻の整理をおこなった。

このような、経済学研究においてはマルクスの先輩であるエンゲルスが、それにもかかわらずマルクスがおこなったような経済学研究をその後なんらおこなわず、ただもっぱらマルクスのなした経済学研究の解説家としてしかエンゲルスはふるまいえなかった。まさにこのような事情のなかに、エンゲルスの経済学理解そのものの問題点がはらまれているということ、これが端的に読みとれるわけである。

これまでわれわれは、マルクスとエンゲルスにおけるカギ括弧づきの「哲学」観の違いというような問題については追求してきた。一九五七、八年頃、「試練にたつマルクス主義哲学」*

〔一九五七年八月〕という論文において、すでにこのことは公表されているわけである。「哲学者としてのスターリン」〔一九五六年八―九月〕においては、この問題が中心に扱われているわけである。が、しかしとにかく、哲学とは何ぞや、というような問題におけるマルクスとエンゲルスとの違い、なかんずく実践論のとらえ方における違いは決定的に明らかなことであった。このような問題について追求してきたけれども、エンゲルスの経済学理解そのものについて十分掘りさげてきたとはいえないのである。もちろん、エンゲルスによるマルクスの『経済学批判』という本の書評にあらわれているところの、エンゲルスの弁証法の欠陥、一面性、あるいはマルクス弁証法の歴史主義的な歪曲、把握というような問題については、『マルクス主義の形成の論理』や『宇野経済学方法論批判』などで若干指摘してはいるけれども、エンゲルスの経済学理解あるいは経済学研究そのものの問題について十分追求していないのである。それゆえに、われわれは今後この問題を追求していかなければならない。

＊　『探究』第四号掲載。『スターリン批判以後　上』（こぶし書房）に収録。
＊＊　『現代唯物論の探究』（こぶし書房）第二部に「スターリン哲学批判」と改題して収録。

ところで、このような問題を追求しなければならない直接の根拠は、どこにあるか。

簡単にいうならば、『アンチ・デューリング論』あるいは『空想から科学へ』の第三章で展開されているところの、資本制生産様式のエンゲルス的な把握のしかたそれ自体が絶対化され、それを基準として今日のスターリニスト経済学がうちたてられているということ、したがって、今日のスターリニスト経済学を粉砕するためには、彼らが依拠しているところのエンゲルスの資本制生産様式の本質把握のようなものそれ自体の点検をおこなわなければならないのである。しかも、これは、ただたんにエンゲルスに原因しているだけでなく、『空想から科学へ』の第三章で展開されているところのいわゆるエンゲルス命題、すなわち「社会的生産と取得あるいは領有〔と訳されているもの〕の私的性格との矛盾」、このエンゲルス命題のレーニンによる解釈を出発点としつつ、今日のスターリニスト経済学が構築されている。その意味においては、エンゲルス命題、そのレーニン的解釈、それらにかんするスターリニスト的な解釈と俗流化の発展、このような系列において追求していく必要が絶対にあるわけである。

しかしながら、ここではさしあたり、『空想から科学へ』第三章で展開されているところの資本制生産様式の本質にかんするエンゲルス的把握そのものの問題点を暴きだすことをつうじて、スターリニスト的な経済学を粉砕するひとつの踏み台をつくりだすことが問題である。かのエンゲルス命題に依拠しつつスターリニストは恐慌現象ばかりでなくすべての経済上の問題を解き明かす、という方法がとられているからである。いま「スターリニスト経済学」と言ったけれども、これはたんに頑固派スターリニストのそれを指しているだけではない。構改派のそれをも指しているのである。構造改革派の国家独占資本主義論、「社会化された生産力」に対応した「社会化された生産関係」の創造、そしてこれらにみあった「社会化された運動の展開」というような構改派の経済学や運動論もまた、かのエンゲルス命題の解釈を基礎としつつ、それに『資本論』第三巻で展開されているマルクス的な理論を接ぎ木するというかたちをとっているのである。それゆえにエンゲルス命題の粉砕は、ただたんに頑固派スターリニストの経済学だけでなく、同時に構改派のそれをも粉砕するための鍵をもわれわれに提供してくれる、そのような重要な意義をもっているわけである。

I　マルクスの学問的方法の無理解

さて、まずエンゲルスの経済学あるいは経済学理解をマルクス経済学との関係において比較する場合、すぐ分かることは次の点であると思う。

「広義の経済学」の追求

その第一は、マルクスが資本制経済学を学問的に体系化することを意図していたのにたいして、エンゲルスはこのようなマルクスの研究成果にふんまえつつ、資本制経済学＝狭義の経済学にたいして、広義、広い意味の経済学をうちたてなければならないという視野をもっていたということである。

マルクスは決してこのような「広義の経済学」というような表現をとってはいない。が、しかしながら、『資本制生産に先行する諸形態』の研究をつうじても分かるように、前近代社会における社会経済構造を形態論的に把握するという姿勢はあった。その意味では、エンゲルスとマルクスとは本質的に同じであると考えられる。宇野弘蔵のように、経済学は資本制経済学としてのみなりたち前近代社会の社会経済を把握する場合には経済史によってなされる、というような立場にマルクスはなかったといえるのではないか。

とにかく、表面的にいうならば、マルクスは直接的には資本制経済学を追求していたわけであるけれども、しかし前近代社会の社会経済構造を広い意味での経済学というようにとらえていた、といえないことはないのである。ところがエンゲルスの場合には、マルクスのような資本制経済学それ自体の研究をおこなうというよりは、むしろマルクスの学問的成果の解説に終始していたといわなければならない。そして、このような解説をおこなう場合には、エンゲルスの言うところの「広義の経済学」という視点からの追求が前面におしだされていることもまた、否みがたい事実である。

このことは何を意味するかというならば、マルクスは直接的現実としての資本制経済の場所的分析をおこなったのにたいして、エンゲルスは、彼の方法が歴史主義的な偏りをもっているのと対応して、「広義の経済学」の一環として資本制経済学を位置づけるというような、いわば客観主義的な角度が前面化しているといわなければならないであろう。もちろん、マルクスの学問的成果、その根底にある方法を明確につかみとっておきさえするならば、「広義の経済学」をうちたてるという視点からマルクスの経済学を位置づけるということは間違いではない。が、しかしながら、エンゲルスの場合には、マルクス的な場所的立場、学問的方法が明確に自覚されてはいない。むしろそれらが、『経済学批判』という本のエンゲルスの書評のなかに端的にしめされているような、歴史主義的につかまれているということとの関係において理解するならば、エンゲルスはマルクスの経済学研究を若干俗流化する傾向にあったといわなければならないであろう。

事実、エンゲルスは『空想から科学へ』第三章の冒頭において次のように言っている。「生産、それにつづいて生産物の交換、これが経済の基礎である」というような表現をおこなっているのである。なぜここで「それにつづいて生産物の交換」を入れたか、ということがきわめて大きな問題であるわけだ。マルクスの場合には「生産、分配、交換、消費は生産の従属的な四つのモメントである」というように『経済学批判・序説』で展開しているわけである。そして、分配も生産物分配、あるいは交換も生産物の交換というように結果的に理解してはならない、分配も交換もいずれも、生産過程あるいは労働過程そのものにおける生産手段および労働者の分配および交換として根本的にはとらえられなければならない、ということを力説しているわけである。このようにマルクスは、本質論的に生産・分配・交換・消費の四つのモメントを追求していった。このような視角がエンゲルスにはまったく欠落しているということが、『空想から科学へ』第三章の冒頭の三、四行の文章を読めばすぐ分かるわけである。

エンゲルスは、「交換」という概念のもとに私的商品交換と生産物交換とを同列に、あるいはしばしば二重うつしにして展開し、論述にしたがって、或るときは私的商品交換の意味に交換が理解されているし、或るときには生産物交換というように生産物というものを入れて展開している。ということは、「交換」概念の弁証法的な構造がつかまれていないことが端的にあらわされているといわなければならないであろう。「生産、したがって生産物の交換が社会の基礎をなす」というような叙述の後につづいて、「生産物の分配は生産および交換の仕方・様式に規定される」というような文章がある。とすると、明らかにエンゲルスは、経済の動きを結果、生産物の交換や生産物の分配という点から見ているということは明らかである。

そして事実、エンゲルスの叙述においては、資本の生産過程そのものにおける転倒性、資本の生産過程におけるプロレタリアの疎外された労働そのものの追求はほとんどまったく論じられていない。マルクスが一八四四年の『経済学＝哲学草稿』において、そしてまた『資本論』第一巻において追求したような、プロレタリアの労働の疎外された状況の経済学的な分析の問題は、完全にエンゲルスの場合には欠落してしまっている。ただもっぱら結果現象の叙述――これが資本制生産様式の特徴づけのなかに端的にあらわれている、そしてこれについては後でふれるであろう――、そのような結果的な把握におちこんでいるということと関係があるように思われるのである。

エンゲルスは『経済学批判』という本の書評を書いている。そして事実、『経済学批判・序説』という論文などについて目を通しているに違いない。にもかかわらず、生産・分配・交換・消費などのとらえ方においてはマルクスと決定的に異なっているのである。そしてこのことは、資本制経済の場所的立場における本質論的把握と、経済一般の、あるいは生産一般の本質論的把握とを、区別と連関において自覚的にとらえていたマルクスと決定的に異なることがしめされているわけである。

マルクスの方法の歴史主義的理解

このことは、第二の問題としては、エンゲルスの方法にもつながってくるように思われる。エンゲルスは、マルクスの「学問的に正しい方法」というものを十分理解していたとは思えない。むしろ、ヘーゲルの歴史感覚を誉めたたえる点にも端的にしめされているように、マルクスの方法を歴史主義的に理解していることは明らかなことである。たとえば『経済学批判・序説』の中の「経済学の方法」の中で展開されている「労働一般」の抽象にかんするマルクス的な叙述と、『経済学批判』という本にたいするエンゲルスの書評の中で展開されている「偶然的・攪乱的要素の捨象」にかんする叙述*、この両者を抽出して較べただけでも、エンゲルスとマルクスの方法は決定的に異なっているということが明らかである。

＊　「この論理的な取扱い方は、実は、ただ歴史的な形態と攪乱的な偶然性とをはぎとった歴史的な取扱い方にほかならない。」（『マルクス主義の形成の論理』九八頁より重引）

マルクスの場合には、場所的立場にたって対象的現実を論理的＝歴史的に把握する、そのための方法が追求されているわけであるけれども、エンゲルスにおいてはそもそも場所的な立場が欠落している。したがって、対象的現実の論理的把握の問題は、歴史的把握の問題にしばしばすりかえられたり、横すべりさせられるわけである。このような方法が、エンゲルスの経済学理解のなかにも貫徹されていることは否みがたい事実である。そして事実、『空想から科学へ』第三章の中で展開されている小経営あるいは単純商品生産から資本制商品経済への歴史的発展のとらえ方は、きわめて非唯物史観的になされているわけである。宇野弘蔵いうところの「商品経済史観」によってそれは綴《つづ》られている、といわなければならないであろう。これについては後で詳しく見るであろう。

とにかく、まず第一には、「広義の経済学」を力説しているというエンゲルスの場合、それは場所的立場が欠落しているということ。そしてこれと密接不可分に結びついて第二には、対象的現実の論理的把握にかんする問題を歴史的把握に横すべりさせたりすりかえているということ。この二つの論理的な誤謬にもとづいて、エンゲルスはマルクスの経済学研究を表面的にうけとったばかりでなく、その解説において俗流解釈をおこなったといわなければならないであろう。

俗流的な、エンゲルスの経済学理解は、端的には価値論あるいは価値法則の理解のなかにしめされているわけである。これは、『資本論』第三巻の冒頭につけられているところのエンゲルスの註釈〔「補遺」〕――価値法則はノアの洪水いらいずっと存在していた、というような価値法則の超歴史化的な把握*――、資本制的社会に場所的立場をふまえて、そこから価値法則を本質論的につかみとるというようなマルクス的な方法と理論が完全に欠落して、それを歴史的過去に投影して価値法則を超歴史的につかむ、あるいは前近代社会、原始共産体が崩れ落ちた以後、「共同体」と「共同体」とのあいだに存在していた商品経済から資本制商品経済へのカギ括弧づきの「発展」にもとづいて価値法則を超歴史化的に把握した、というような点に端的にしめされているわけである。

＊　エンゲルスの価値法則の理解については『資本論以後百年』（こぶし書房）九二〜九六頁を参照。

しかし、とにかく、価値法則や価値論にかんするエンゲルスの展開それ自体は、マルクスの経済学がほとんどまったくガイストにおいてとらえられていないことのひとつの証拠であるわけだ。この問題にかんしては、エンゲルスによる『アンチ・デューリング論』の中での経済学の展開や、また『資本論』と同じようなテーマで価値論的な部分についての解説のようなものが遺稿として残されている、そのようなものを検討するさいに深く立ち入っていかなければならない。

要するに、マルクスの経済学研究の根底にあった場所的立場と学問的方法の無理解、そして論理的な把握を歴史的な把握に横すべりさせたりすりかえたりするという論理的な誤謬、この二つにささえられて、エンゲルスはマルクスの経済学を俗流化しているということはおおいがたい事実なのである。そして、エンゲルスによって俗流化されたマルクス経済学なるものをマルクスの経済学そのものと等置し、それをマルクス主義経済学であるかのように考えたのが、ほかならぬレーニンであった。さらに、このレーニンによるエンゲルスの経済学理解を基礎としつつ、そのなかにはらまれている誤謬の面を拡大再生産してきたのがスターリニストどもであるわけだ。

さて、ここではまず、『空想から科学へ』第三章の前半の部分で展開されているところの、エンゲルスによる資本制生産様式の本質把握のようなものの問題点についてのみ、とりあげていくことにしよう。

Ⅱ 『空想から科学へ』第三章の問題点

この『空想から科学へ』の第三章で展開されている事柄は、大体において『資本論』第一巻、それも後半部分で展開されている事柄の、エンゲルス的な摘み食いによる整理であるといわなければならないであろう。が、しかしながら、先に述べたようなエンゲルスの方法の歴史主義的な傾向が、この要約のなかにも投影されざるをえないのである。いや、それ以前に、「広義の経済学」をうちたてるというエンゲルスの問題意識によって染めあげられているといわなければならないであろう。

それゆえに、まず第一に、先にも若干ふれたような、「広義の経済学」をうちたてるというそれ自体としては正しい問題意識が、経済学とは何かを展開する場合に歪んだ展開になっているという問題についてふれなければならない。

生産・分配・交換・消費のマルクス弁証法の欠落

「生産、それにつづいて生産物の交換が社会の経済の基礎をなしているのだ」という叙述のしかたのなかには、エンゲルスにおいて生産・分配・交換・消費の弁証法的な構造がなんらつかまれていないことが、端的に物語られているわけである。エンゲルスは或るときは「生産物の交換」と言い、また或るときは「交換」と単純に表現することによって、それに私的商品交換や生産物の交換のようなものも含ませられて理解されている。というよりはむしろ、エンゲルスの場合、交換は原始共産体以後の社会につらぬかれている普遍的な現象であるようにつかまれているのである。したがって「生産および交換の仕方・様式が社会の経済を規定している根本的な基礎である」というような表現がでてくるわけである。

しかしながら、前近代社会に支配的であった奴隷制や農奴制のもとでは、交換はおこなわれないわけである、これは私的交換、私的商品交換はおこなわれないわけである。いわゆるカギ括弧づきの「共同体」を形成していたから。このような前近代社会において支配的な生産様式、奴隷制や農奴制とならんで存在していた商品経済が、エンゲルスにおいてはかなり自立化してとらえられている。その意味において、「生産、つづいて生産物の交換が基礎である」とか、あるいは「生産物の分配は生産および交換の様式に規定される」というような叙述がなされているわけである。これは先にも指摘したように、場所的立場にたって資本制経済の本質論的把握を試みるマルクスにたいして、このようなマルクスの学問的成果にふまえつつ「広義の経済学」をうちたてようとしたエンゲルスの、いわゆる概括主義的な考え方の経済学の分野への投影であるといわなければならないであろう。

「概括主義」というようにいま表現したけれども、これはエンゲルスの『自然弁証法』や『アンチ・デューリング論』や『フォイエルバッハ論』などでしめされるところの、哲学の展開のしかたにおける欠陥を言っているわけである。たしかに、エンゲルスは『自然弁証法』などで例証主義的に弁証法の研究をおこなっているけれども、彼の場合には、「哲学は概括である」というような考えが終始一貫つらぬかれていたように思われる。彼の場合には、直接的に体系的なものをうちたてようとするような考え方があったのではないか。

マルクスは個別研究を具体的におしすすめることを中心において、概括的なことをおこなうことはほとんどやらなかった。ところがエンゲルスは、弁証法的唯物論というカテゴリーは使わなかったけれども、とにかく、弁証法的唯物論とは何かというようなこと、直接的には唯物論とは何か、弁証法とは何か、史的唯物論とは何か、というような事柄について整理し、体系らしいものをうちたてようとしてきた。このような哲学の分野におけるエンゲルスのいわゆる概括主義が経済学の分野にももちこまれている、といわなければならないであろう。たとえこのような経済学の分野における概括主義的なエンゲルスの追求が完成されなかったとしても、そのような視角において経済学の研究あるいはマルクス経済学の解説がなされていたということは、おおいがたい事実なのである。このことは『アンチ・デューリング論』第二篇「経済学」の叙述の中にみてとることができるであろう。が、しかしここでは、『空想から科学へ』第三章の冒頭におけるかの叙述、「生産、それにつづいて生産物の交換が社会の経済的基礎である」とか、「生産物の分配は生産および交換の様式に規定される」とかいうような曖昧な叙述のなかに端的にみてとることができるのではないか、と考えられる。

ところで、エンゲルスは、生産物交換と私的商品交換とを区別してはいるけれども、交換が前近代社会に存在していた商品経済から直線的に発展するようにも考えているフシがあるわけである。このような観点からするならば、次に第二の特徴として述べなければならない商品経済史観とも関連しているわけである。これについては後で述べるとして、とにかく、さしあたりまず第一に指摘しなければならないことは、「広義の経済学」をうちたてるというエンゲルスの問題意識からして、経済史および資本制経済学の追求がなされているということである。

そしてこれと不可分に結びついている事柄は、場所的現在における資本制経済の本質論的把握に出発してはいないということである。あるいは、生産過程の過程的構造を追求するというよりは、むしろ生産の結果うみだされてくる諸現象、たとえば今の場合には生産物の交換や分配から理解するという傾向があるということである。

マルクスの場合には、交換の問題を論じる場合にも、生産過程を規定するその前提としての労働市場や商品市場の問題と、生産過程によって措定される流通過程、そして流通過程に媒介された再生産過程、このような立体的構造が追求されているにもかかわらず、エンゲルスの場合には、生産物の交換や分配という点にアクセントをおいて追求しているということは、彼の経済学理解が結果現象論的なものにおちこんでいるということである。「広義の経済学」をうちたてるという問題意識の前面化と、経済の追究のしかたが結果論的になされているということとの関係は、どこにあるか。これは未だよく分からない。

とにかく、まず第一の特徴は、生産・分配・交換・消費のマルクス的弁証法が完全に欠落してしまって、「生産および交換の仕方・様式が生産物の分配を規定する」というような叙述におちこんでしまっているということ。これがまず第一の特徴であるといわなければならない。

商品経済史観的偏り

そして、第二にあげなければならない事柄は、エンゲルスの社会経済史の叙述が商品経済史観的なものになってしまっているということである。少なくとも『空想から科学へ』第三章の叙述については、それが完全に妥当するのである。『ドイツ・イデオロギー』をエンゲルスが書いた場合には、このような商品経済史観的な傾向はなかった。なぜ、この『空想から科学へ』の第三章の叙述をおこなう場合に商品経済史観的な要素が前面におしだされてしまったのか、事態は明確ではない。

推測するならば、資本制商品経済を明らかにすることを論理的＝場所的におこなうことなく、それを歴史的把握から説明しようとしたことにもとづいているのではないかと思われる。この第三章では、前近代社会における奴隷制、農奴制などの形態論的、あるいはそれらの歴史的な把握をなすことが目的とされているのではない。そのような奴隷制や農奴制経済とならんで存在していた前近代社会の商品経済の歴史的発展として資本制商品経済を位置づけようとした、この方法に規定されていると思われるのである。そうであるならば、すなわち資本制商品経済そのものの論理的把握ではなくして資本制経済がどのように歴史的につくりだされてきたか、前近代社会に発生した商品経済と資本制商品経済との違いを歴史的に把握しようとするならば、当然のことながら、根源的蓄積過程の問題が追求されていいはずである。根源的蓄積過程の問題については、一語も語られていないのである。

とすると、やはり、前近代社会に存在していた商品経済と、資本制商品経済との単なる比較解釈におちこんでしまっているのではないか、とも考えられるのである。が、しかしながら、単なる歴史的比較解釈ではない。なぜならば、「手工業から資本制的な協業・マニュファクチュア・大工業が発展してくる」というあたりの叙述が存在しているわけである。が、しかしながら、その場合にもやはり、手工業から資本制的な生産様式へ直接的に、連続的に発展したというような考え方があることは否めないのである。

手工業の場合に、賃労働を雇うというのはたまたま偶然的なことであり、補助的なことであった。ところが、このような賃労働が平常化することによって、「資本制生産様式、協業・マニュファクチュアなどが発生した」というような叙述がある。その場合の叙述も、「商人資本、手工業、賃労働とならんで協業的な労働過程が発生した」というような叙述になっているのである。きわめて曖昧のまま展開されている。ということは、おそらく『資本論』第一巻の十章あたりから展開されているところの「相対的剰余価値の生産の方法」の歴史的諸形態にかんする叙述、「単純協業・マニュファクチュア・大工業」というようなあたりの叙述をそれ自体としてとりだして自立化させ、それを資本制経済の歴史的発展の叙述と等置（等しく置く）、等置することからうみだされた叙述ではないか、とも思われるのである。

いやそもそも、商品経済そのものの理解のしかたも十分できてはいない。前近代社会に存在していた商品経済は、「共同体」と「共同体」とのあいだに発生したり、家内工業などの余剰生産物が偶然に交換にまわされることによって、余剰生産物が商品化されるわけである。そのような把握がまずもって欠落し、小商品生産あるいは小経営というかたちでまずもってとらえてしまう。だから、寺沢恒信の解説には「商品生産社会」というような概念が勝手に使われているわけである。* たしかエンゲルスの『空想から科学へ』の本にも「商品生産社会」というような概念が一箇所ぐらいあったと思うけれども、これは不正確である。とにかくスターリニストに特有な事柄は、「商品生産社会」というカテゴリーを使う点にも端的にあらわれているように、前近代社会においては商品生産が一社会を構成したことはない、にもかかわらず「商品生産社会」というようなカテゴリーを使っている。このことは、前近代社会における商品経済の把握のしかたそれ自体が間違っているということ、そしてその根源がエンゲルスにあるということは明らかである。

＊『原典解説　空想から科学へ　マルクス＝レーニン主義入門叢書』（青木書店、一九六五年）

エンゲルスにおいては、商品生産、単純商品生産あるいは小商品生産といってもいい、このような小商品生産あるいは単純商品生産と、商品経済との関係さえもが明確になってはいないのである。これは、宇野学派の商品経済のつかみ方とまったく逆の関係にあるといわなければならない。なぜならば、宇野学派は次のように主張するからである。「商品経済は或る一定の生産過程あるいは生産関係をもってはいない。なぜなら、前近代社会においては余剰生産物がたまたま交換されることによって商品経済が発生するのだから」というようにつかむ。これはまた、一面的である。もしも商品経済が発生したならば、商品として交換される生産物をうみだした生産は、単純商品生産という規定を流通面からうけとる。交換面からうけとるといった方がよい。交換面から、商品交換面からうけとるからである。この逆限定の面を完全にぬかしてしまっているのである。これにたいしてエンゲルスあるいはスターリニストの場合には、逆限定ということが分からないで、はじめから交換を目的とした単純商品生産しか存在しないというように理解してしまうのである。とすると、このような単純商品生産は、封建社会の末期において発展してきた単純商品生産以外の何ものでもなくなってくるわけである。

それればかりではない。封建社会の経済構造のウクラードとして存在していた商品経済が、封建制経済の内部に滲透し、それを崩壊させるというような問題が全然追求されていない。そればかりではない。賃労働者がどのようにしてうみだされるかの過程、マルクスがかの有名な叙述で、有名な文章で綴ったところ、血も涙もない暴力的収奪の過程の問題が、エンゲルスのこの『空想から科学へ』の第三章の叙述からはまったくぬけおちてしまっている。これはどういうことか、まったく理解できないのである。おそらく、手工業から協業的な生産様式が発展してきたというように連続的に、直線的に把握してしまっている、そこからして労働力商品がどのようにしてうみだされるかの内的構造の追求は無視されたのだ、といえるであろう。明らかに、叙述のしかたはスターリニストに特有な商品経済史観の元祖をなしているといわなければならないのである。

資本制生産様式の矛盾のエンゲルス的把握

さて、右のような欠陥から帰結される第三の問題点は、資本制生産様式の矛盾にかんするエンゲルス的な把握にかんしてである。この問題が『空想から科学へ』の第三章の中心的な問題点である。資本制生産過程そのものの把握のようなものがなされているけれども、しかしながら、その場合特徴的な事柄は次のような事柄である。

（A）　まずA。すでに述べたように、資本制生産様式そのものの論理的な把握の問題が、資本制生産の歴史的形成の問題に横すべりさせられてしまっているということ。いいかえるならば、前近代社会に存在していた小経営あるいは手工業を資本制生産様式を把握する場合の一種の基準としているということである。

　小経営の場合には、マルクスの表現によるならば「自己労働に立脚した私的所有」であるわけだが、この「自己労働に立脚した私的所有」からの違い、偏差として、資本制生産様式がつかまれる。すなわち、「他人の労働の搾取に立脚した私的所有」というようになる。その場合、マルクスと異なる点は、「ブルジョア的私的所有」という概念が使われていない。もっぱら、単純商品生産あるいは小経営の場合には労働生産物は自分のものであり、自分のものとしての生産物を私的に所有するのにたいして、他人の生産物をも私的に所有する、これが資本制生産様式であるというように、生産物の取得のしかたの面から小経営と資本制生産様式との区別が追求されているということである。この問題についてはまた後でふれるとして、とにかくさしあたり、ここでのまず第一の特徴は、小経営あるいは単純商品生産を基準とし、それからどのように資本制生産様式が異なるか、というような比較解釈におちこんでいるということである。

したがって、封建社会から資本制社会への歴史的過渡期における根源的蓄積過程の問題の追求が、すっぽりぬけおちてしまっている。とにかく、前近代社会に存在していたところの小経営の場合には補助的なものであった賃労働が平常なものとなる、というようにしか資本制生産様式の形成においてはつかまれていない。労働力さえもが商品化されるという事態そのものの深いつかみ方はまったく欠落している。すでに先に述べたように、エンゲルスは「商人資本、手工業、賃労働などが、資本としての生産手段の集中と集積と同時におこる」というようなことを述べてはいるけれども、商人資本、手工業、賃労働、資本などのカテゴリーの論理連関および歴史的な連関の具体的な追求はまったくなされていないのである。

（B）　このような欠陥に規定されてでてくる第二の欠陥、Bは、資本制生産過程が実現される前提としての労働市場における労働力商品と資本家との売買関係の問題が完全に欠落している、それと同様に資本の直接的生産過程を措定する前提としての商品市場の問題もぬけている。要するに、労働＝商品市場の問題が完全に追求されないままになってしまっているということである。

マルクスが資本の直接的生産過程の構造を追求する場合には、その前提としてつねに労働市場あるいは商品市場の問題を追求しているのである。『賃金・価格および利潤』の第七章か八章あたりにおいて、そのことは追求されている。こういう労働者にむけての大衆的な講演会においても、明確に生産過程の前提としての労働＝商品市場と、それによって措定される生産過程の弁証法的構造が追求されているのである。そして、ほかならぬこの問題は、『資本論』第一巻第五章と第四章との関係として、われわれがこれまでしばしば追求してきた事柄なのである。

とにかく、このエンゲルスの『空想から科学へ』という本においては、資本の直接的生産過程と労働＝商品市場との、前提となり措定されるという、相互に前提しあい相互に措定しあうという弁証法的な追求のしかたが、完全に欠落しているのである。このことは、いうまでもなく、直接的現実としての資本制生産様式の構造を論理的に場所的に把握せんとする立脚点が、エンゲルスにはそもそも欠けていることを端的にしめすものにほかならない。

一八四七年の『賃労働と資本』という本において、マルクスは「賃労働なしには資本はありえず、資本なしには賃労働はありえない」というように、賃労働と資本との相互関係を論じている。そのような賃労働と資本との相互関係の把握さえもが、この『空想から科学へ』という本では展開されていない。したがって、当然のことながら、一八四四年の『経済学＝哲学草稿』で展開されているところの、賃労働と資本との矛盾的自己同一の論理は、もちろん視野の埒外におかれてしまっているのである。「資本＝蓄積された労働」というようにパラフレーズすることによって、あるいは「私的所有の魂は労働である」というように指摘することによって、現象的には異なるところの賃労働と資本とが矛盾的な自己同一をなし、それが外的対立において運動していくというような存在論的な把握のしかたは、すでに『経済学＝哲学草稿』にあるわけであるけれども、このような把握のしかたさえもが欠落してしまっているのである。

（C）　そして、このような労働＝商品市場と生産過程との弁証法的な把握がないということに規定されてでてくる第三、Cとしてあげなければならない事柄は、資本の直接的生産過程におけるプロレタリア、賃労働者の労働そのものの疎外の現実の追求が完全に欠落してしまっているということである。

「労働者が生産手段を使うのではなく、生産手段が労働者を使用する」のだという、この資本制生産過程がかもしだす物神的性格の叙述が、『資本論』第一巻におけるブリリアントな展開である。にもかかわらず、そのような追求がこの本においては完全にぬけおちてしまっている。いや、そもそも、資本制生産様式の物神的性格、あるいは商品・資本などの物神的性格そのものの解明というものも、十分なされていない。ただわずかに、「生産物が生産者を支配する」というような叙述が一箇所でてくるだけである。このように「生産物によってそれを生産した生産者が支配される」というような叙述のなかに資本制生産様式がかもしだす物神性をおしこめているということは、エンゲルスが経済学を結果、生産物の側からのみ現象論的に把握するということのあらわれであるといわなければならないだろう。

先に、エンゲルスの経済学の理解の本質として、生産物の分配・交換に力点をおいているということについて若干述べておいたけれども、このような生産物の分配・交換の問題に視点がいくエンゲルスのやぶにらみ的な本質は、資本制生産様式そのものがかもしだす物神性の問題を「生産物による生産者の支配」に矮小化している点にも端的にしめされている、といわなければならないだろう。

が、しかしとにかく、生産過程そのものにおける賃労働者の労働そのものの疎外、したがって疎外された労働の生産物は資本の生産物として結果する、というような具体的な追求のしかたが完全に欠落して、次のようになっているのである。すなわち、単純商品生産あるいは小経営の場合には、自分の労働により自分の生産手段を使って自分の生産物をつくりだし、それを自分で取得する。ところが、大工業、あるいは協業・マニュファクチュア・大工業などすべて資本制的な生産様式のもとでは、つくりだされた生産物は誰のものであるか分からなくなる、

「共同の生産物」になってしまう。なぜならば、このような資本制生産様式のもとでは生産それ自体が「社会的なもの」となっている、だからつくりだされた生産物は誰がつくりだしたかということは明確にはならない、「共同の生産物」となっている、というような把握のしかたにおちこんでしまっている。

これだけならともかく、そこから次のような結論が導きだされることこそが大問題なのである。資本制生産様式のもとでは、生産が「社会的性質」を帯びる。そしてつくりだされた生産物は「共同な生産物」である。にもかかわらず、この生産物は生産手段を所有する「資本家の私的な領有あるいは取得」になってしまう。だから矛盾である、というように結論されてしまうのである。

ここでは、第一の欠陥たる、Aの欠陥たる、小経営が資本制生産様式の矛盾を把握する場合の基準となされているということ、そして第二には、資本の直接的生産過程における賃労働者の労働そのものの疎外の問題、そしてその疎外された労働の結果としてうみだされる生産物が資本の生産物として結果するというような、マルクス的な把握が欠落していることを意味するのである。ということは、Bで述べた欠陥、つまり資本の直接的生産過程はその前提をなす労働市場によって措定される、労働市場における労働力商品の販売者たる労働者と貨幣商品の所有者たる資本家との、貨幣関係で隠蔽された階級関係の問題がまったく追求されていない。それゆえにこそ、生産過程の現象論的な把握に陥らざるをえないということである。生産は小経営・単純商品生産に比べて「社会的な性格」をもつものになった。にもかかわらず、つくりだされた「共同の生産物」は生産手段の所有者たる資本家によって「領有、取得」されてしまうのだ。これは矛盾である、しかも資本制生産様式の本質的な矛盾である、というように集約化されてしまうのである。

(D) 以上述べてきたことにふまえて、次に、かのエンゲルス命題についての検討をおこなわなければならない。これが、Dの問題である。

エンゲルス命題とは、「社会的生産と領有あるいは取得の私的性格との矛盾」というように表現されるところのものである。別の表現もあるけれども、その別の表現の問題については後でふれる。とにかく、「社会的生産と取得あるいは領有の私的性格との矛盾」が資本制生産様式の本質的な基本的な矛盾であるとされる。そして、これは次のような三つの現象形態をとるとされる。その第一は「ブルジョアジーとプロレタリアートの対立」であり、その第二は「作業場内分業の計画性と社会的生産の無政府性とのあいだの矛盾」であり、その第三は「一方における資本の集中と他方における貧困の蓄積との矛盾」である、というように表現されるわけである。

ここにあげられている一つの本質的矛盾とその三つのあらわれというものは、『資本論』第一巻で展開されている事柄のエンゲルス的な要約であるといわなければならない。しかもその場合、特徴的なことは、第一巻の十一、二、三章あたりで展開されている「協業・マニュファクチュア・大工業」あたりの展開、なかんずく「マニュファクチュア的分業」のあたりの展開に即しつつ、「作業場内分業［の計画性］と社会的生産の無政府性とのあいだの矛盾」がピックアップされ、それにたいしてエンゲルス的な解釈がつけ加えられているのである。

簡単にいうならば、生産手段は資本家の所有物であるということは簡単に書かれているけれども、むしろエンゲルスは、生産過程の主体的契機が社会化されること、社会的に組織化されることに力点をおいて叙述しているということである。その場合のカテゴリーはどうなっていたかというのは、いま忘れてしまったけれども、とにかく、労働者の社会的組織化というような点に力点がおかれて、そしてこのような作業場内分業においては計画的に作業がすすめられる、そうすることによって「社会的生産全体の無政府性にこの作業場内分業の計画性が対立している」というような説明がなされているわけである。だが、たとえ作業場内の作業、労働のしかたが計画的になされていたとしても、この工場での生産は社会的無政府性の個別的部分であり、それ自体、無政府的な生産をおこなっているわけである。個別的＝社会的な無政府的な生産というべきところが、「社会的生産は無政府的に、作業場内の分業は計画的に」というような矛盾がエンゲルスによってでっちあげられているという点に、注意をむける必要があるだろう。

そしてエンゲルスが第三の形態としてあげているところのものは、『資本論』第二十三、四章で展開されているところの、「資本制的蓄積の絶対的、一般的な傾向」をエンゲルス的に、つまりボロボロ貧困化論的に要約したものにすぎないわけである。エンゲルスが『資本論』第一巻からピックアップしたものの主要な点は、二番と三番の現象形態である。一番の「プロレタリアートとブルジョアジーの対立」という、うーん、「矛盾」か、「プロレタリアートとブルジョアジーとの矛盾」の問題は、どこからとりあげたというような場所を指摘するわけにはいかない。おそらく、全体に流れている賃労働と資本の対立をエンゲルスがかかるものとして表現したのではないかと思われる。あるいは第四章で展開されている「貨幣の資本への転化」の項目のエンゲルス的把握かも知れない。

が、しかしながら、とにかく資本の直接的生産過程の矛盾の問題がとりあげられているわけであるけれども、資本の直接的生産過程の主客両契機のマルクス的な把握は、ここでは完全に欠落している。マルクスの『直接的生産過程の諸結果』というノートで展開されているような事柄についてでは、まったくふれられていない。生産手段もそれを使う労働者も、いずれも資本のDasein《ダーザイン》であるというような展開、そして賃労働と資本のこの資本関係は生産過程の実現をつうじて拡大再生産されていくというような把握のしかたもないわけである。若干、資本の有機的構成の高度化と相対的過剰人口の問題についてふれようとしているわけであるけれども、しかしながらむしろエンゲルスは、若きエンゲルスの『イギリスにおける労働者階級の状態』でつきだした産業予備軍の問題を前面におしだしてしまっているわけである。『資本論』第一巻の有機的構成の高度化と人口法則にかんするマルクス的叙述の要約というようにならないで、とにかく資本制生産が発展すると失業者群が創造される、そしてこれが恐慌との関係においてのみ位置づけられている、ということが特徴的なことであるわけだ。

補足的なことであるけれども、さっき述べるのを忘れた問題がある。それは、商品経済あるいは商品生産にかんするエンゲルス的な把握の単純性と、作業場内分業と社会的生産の無政府性の展開とを重ね合わせると、社会的分業と商品生産との関係についてもマルクス的な把握が欠落している、ということについて述べなければならない。

エンゲルスは、『ドイツ・イデオロギー』で展開しているのと同様に、「分業」の概念をきわめて曖昧のまま使っているわけである。或るときには自然発生的な分業、或るときは社会的分業、或るときは作業場内分業、マニュファクチュアというように、アトランダムに使われているわけであって、「分業」という概念を明確に定義して使ってはいないわけである。したがって、「社会的分業は商品生産の実存条件であるけれども、商品生産は社会的分業の実存条件ではない」というようなマルクスの把握のしかたは、この商品経済史観によって綴られている前近代社会の小経営・手工業から資本制経済への発展の叙述のなかには欠落しているのである。

このほか、細かい問題はいろいろあったけれども、忘れてしまった。さしあたりここでの問題は、Ｄエンゲルス命題そのものの検討にあるので、その問題についてこれから追求することにしよう。

Ⅲ　エンゲルス命題とその解釈をめぐって

エンゲルス命題といっても、さまざまな表現がとられているわけである。簡単にいって、前半の文章は「社会的なもの」、後半は「私的なもの（わたくし的なもの）」と措定し、その「矛盾」というようになっている。その場合の前半は「社会的生産」と表現されたり「生産の社会的性格」と表現されたり、また「生産および生産手段の社会的性質」というように表現されたりしている。これは、後の方でいうと「生産諸手段の社会化」というようなのとも大体同じようにとらえられているわけである。が、全体としては「社会的生産」という点にアクセントがおかれている。そして、後半部分は「取得」あるいは「領有」、同じことであるけれども「取得の私的性格」というように表現されている場合と、「取得の資本制的性格」と表現されている場合がある。

一箇所、「註」があって、「取得の私《わたくし》的性格と取得の資本制的性格とは明確に区別されなければならない。前者と後者との関係はあるけれども、質的な違いがある」というようなことが述べられている。これはおそらく、推測であるけれども、本文の叙述において次のような展開がある。すなわち、「小経営における取得の私《わたくし》的性格は、資本制生産においてもそのまま適用される、あてはまる、妥当する」というような表現があるわけである。このような表現は「小経営的な生産様式と資本制生産様式との区別を曖昧にする」というようなマルクスの註釈があって、それに答えるかたちでつけ加えられたのではないかということである。が、しかしながら、この問題にかんするマルクスの展開もそれ自体重要な問題がはらまれているので、後で述べる。

さしあたりいま述べたように、一口に「社会的生産と取得の私的性格とのあいだの矛盾」というようにエンゲルス命題は要約できると思うけれども、表現のしかたとしてはさまざまあるということ、したがって、このような表現の曖昧さがどこからでてきているかということについて、まずもって反省しておかなければならない。

「社会的生産」の「社会的」の意味

エンゲルスが「社会的生産と取得の私的性格とのあいだの矛盾」を「資本制生産様式の本質的、基本的な矛盾である」というように宣言する場合には、マルクスによって「社会的労働過程」と呼ばれているところのもの、直接的には協業的あるいはマニュファクチュア的労働過程をば、前近代社会に発生していた小経営あるいは手工業的な労働過程との違いからつかもうとしているわけである。

前近代社会に存在していた手工業あるいは小経営あるいは単純商品生産の場合には、「自己労働に立脚した私的所有」というようにマルクスは表現している。これは、自分のものとしての生産手段に自分の労働力を対象化して生産物をつくりだし、それを交換する、つまり商品として販売する、というようなかたちをなしていた。ところが「協業的あるいはマニュファクチュア的な労働過程においては、生産手段が資本として一方では集中され、他方では一定の職場に労働者が統合される、コンビネイトされる」、「労働過程の客体的および主体的契機が複雑化、集中化、社会化される」というような叙述がなされているわけである。このようなマルクスの展開をエンゲルスが把握すると、「社会的生産」あるいは「生産の社会的性質」というように表現される。あるいは「生産および生産手段の社会的性質」というように表現されるのである。

エンゲルスが「社会的生産」という場合の「社会的」という意味には、ほぼ次の三つのことが考えられるように思われる。その第一は、生産が小経営にくらべて大規模化する、主客両契機が大規模化するという意味で、「社会的」という概念が使われているということ。その第二は、つくりだされた生産物は労働過程の個々の労働者とは直接関係ない、誰がつくったか分からない、「共同の生産物」としてつくりだされるという意味で、「社会的」生産という形容詞がつけられているわけである。そしてさらに、この「社会的生産」と共同社会的な生産様式つまり社会主義的あるいは共産主義的な生産様式とが、しばしばダブル・イメージ的に叙述されているということである。「社会的」という概念のこの最後の曖昧さに立脚して、「生産の社会化」、「生産関係の社会化」というような構造改革の理論が導きだされていることはいうまでもない。

それはともかくとして、「社会的生産」とエンゲルスがいう場合の「社会的」の概念は、経済学的にマルクスが規定したそれとはまったく異なることを見落してはならないだろう。「社会的労働過程」という場合には、マルクスが「社会的労働過程」という場合には、あくまでも資本の力能によって生産手段ならびに労働者が集中され統合されることを意味するわけである。にもかかわらず、資本によるこの独自的な機能の問題が、エンゲルスの叙述からはまったく排除されてしまっている。これが特徴的なことである。

すでに、資本の直接的生産過程のマルクス的な把握が欠落しているということを述べておいたけれども、そのことは、「社会的生産」の「社会的」のエンゲルス的なつかみ方のなかに端的にしめされているわけである。もっぱら単純商品生産あるいは小経営の生産様式との比較において、資本の直接的生産過程のひとつとしての社会的労働過程の性格がつかみとられているにすぎない。だからこそ、量的にのみ小経営と資本制的な労働過程とがつかまれているにすぎないのである。質的転換の構造が資本の独自的機能との関係においてとらえられていないということである。だから、エンゲルスが「社会的生産」という場合には、小経営、手工業的な生産様式よりも大規模化しているというようにしかつかまれていない。そしてまた、資本の労働過程におけるプロレタリアの疎外された労働の具体的分析がないから、プロレタリアの疎外された労働によってつくりだされた生産物が資本の生産物として、それを生産した労働者から疎外されてしまうというように把握することなく、社会的労働過程においてつくりだされた生産物は誰の生産物か明確には分からない「共同の生産物」である、などという反マルクス的な展開になり終ってしまうのである。

要するに、エンゲルスが「社会的生産」あるいは「生産の社会的性格」という場合の「社会的」というのは、いま述べたような大雑把な、社会学的なといってもいいと思うけども、社会学的な把握、あるいは量的な把握でしかないという点を暴露しなければならない。資本制生産様式は私的＝社会的な生産である、というふうにとらえるべきである。なぜならば、生産手段のブルジョア的私的所有に立脚して生産が実現されているから、それは私的生産である。と同時に、その生産過程の主客両契機が社会化されている意味において、資本制生産は私的＝社会的生産としてとらえなきゃならない。このように生産それ自体が私的＝社会的であるというようにとらえることは、資本制生産様式の矛盾の把握であるというように表現できるであろうと思う。

「占有」「取得」「所有」概念をめぐる混乱

他方、「社会的生産と矛盾する」とエンゲルスが規定しているところの「取得」あるいは「領有」——これは翻訳の概念であって、原語はおそらくAneignung《アナイグヌング》だと思うけども——、この「取得」あるいは「領有」の「私的性格」というように表現している場合と、「取得」あるいは「領有」の「資本主義的性質」というように表現されている場合の二《ふた》とおりがあるわけである。前半のほとんどの部分は「私的」であって、後半に二、三箇所「資本制的性格」というのが出てくるにすぎない。なぜ前半で「私的性格」というようになっているかというならば、小経営における生産物の取得の私的性格が資本制生産様式においてもあてはまる、そのままあてはまる、妥当する、というように表現されているわけである。が、しかしながら、それがなしくずし的に「取得の私的性格と取得の資本制的性格とは質的に異なるのだ」ということが「註」として入れられているにすぎないわけである。

では一体、この「取得の私的性格」あるいは「取得の資本制的性格」はどこから導きだされたか。おそらく、『資本論』第二十四章のかのマルクス的展開に依拠しているかのように思われるのである。マルクスは、いうまでもなく、小経営的な生産様式は「自己労働に立脚した生産手段の私的所有」であり、そしてその否定としてうみだされる資本制生産様式は「他人の労働を搾取するブルジョア的私的所有」というように表現している。しかるに、この後者をエンゲルスが読む場合に、「ブルジョア的」という限定がすっぽり落とされてしまうのである。マルクスは、資本制生産様式は小経営の否定というように展開して、他人の労働を搾取するということに規定されて「ブルジョア的私的所有」というように限定づけているわけである。ところがエンゲルスは、この「ブルジョア的」という限定をとりはずしてしまって、資本制生産様式は小経営的な生産物の取得の私的性格の実現、その延長として量的・連続的にとらえてしまっているフシがあるのである。ということは、エンゲルスが小経営あるいは単純商品生産を基準として、それから資本制生産様式をとらえる、というような商品経済史観的な角度におちこんでいることを端的にしめすものにほかならない。

ところで、『資本論』の場合にも、宇野弘蔵が、このような把握のしかたは資本制生産様式の独自性を曖昧化するものであるというような批判をおこなっているのである。たしかに、そういえばそういえるのである。原始共産体──→階級社会──→共産主義社会というような、このような「正─反─合」の把握のしかたがマルクスにないとはいえないけれども、かの『資本論』二十四章の「否定の否定」の叙述のあたりにおいては、小経営あるいは単純商品生産が基準とされ、それから資本制生産様式が特徴づけられ、そしてこの資本制生産様式の否定によってつくりだされるものは、第一の否定によって否定されたところのもの、つまり「小経営・単純商品生産の単純な再興ではないが」というような限定が付せられている。が、しかしながら、この辺の叙述がきわめて曖昧であるということを、宇野弘蔵が『思想』の一九六五年九月号、『社会科学の根本問題』〔青木書店、一九六六年〕に収録されている「社会主義と経済学」という論文で暴露しているわけである。

このマルクスによる「否定の否定」の展開それ自体の問題は別に追求しなければならない。さしあたりここでは、『資本論』第一巻第二十四章で展開されているこの「否定の否定」の展開のところでは「ブルジョア的私的所有」、あるいは単純商品生産の場合には「私的所有」というように表現されているわけだけれども、エンゲルスにおいては「取得の私的性格」「取得の資本制的性格」というようになっている。とすると、ここで「占有」「取得」「所有」概念のエンゲルスにおける混乱、錯乱、未分化の問題が大きくクローズアップされざるをえないのである。

廣西元信の『資本論の誤訳』*という本によれば、この二十四章で「生産手段の共同占有にもとづく共産主義社会」というような叙述があるけれども、この「共同占有」がすべての翻訳においては「共有」「共同所有」というように翻訳されてしまっているらしい。そればかりでなく、エンゲルスの場合には、なかんずく占有と所有との区別が終始一貫まったくなされていないのだそうである。それに加えて、『空想から科学へ』の第三章の場合には、取得という、Aneignungという概念が使われている。Besitz《ベジッツ》［占有］、Eigentum《アイゲントゥーム》［所有］、Aneignung この三者が明確にエンゲルスでは区別されていない。したがって、「社会的生産と取得の私的性格とのあいだの矛盾」というように書かれてはいるけれども、この取得は所有あるいは占有とエンゲルスはほぼ同じように使っていたのではないかと考えられる。したがって、このエンゲルス命題の解釈にはさまざまのものがあることを、われわれはすでに知っているのである。

＊　青友社、一九六六年刊。こぶし書房から復刊。

かのエンゲルス命題の前半の部分は、大体「社会的生産」あるいは「生産の社会的性質」あるいは「生産の社会化」というように解釈されている。事実、エンゲルス［において］は「生産手段の社会化」ということが国有化の問題を論じているあたりに使用されているわけである。したがって、「社会的生産」と呼ぼうが、「生産の社会的性質」と呼ぼうが、「生産手段の社会化」というように表現しようが、これは、エンゲルスにおける「社会的」あるいは「社会化」

概念の曖昧さにもとづいたスターリニスト的解釈であることは明らかである。

ところで他方、後半の部分、エンゲルス命題の後半の部分は、「取得の私的性格」、それから「生産物の占有の私的性格」、「生産手段所有の私的性格」、大きく分ければこのような三つの訳語が使われているわけである。「所有」、「占有」、「領有」の「私的性格」というように訳したり理解されたりしている。そして、それぞれに「生産手段の」あるいは「生産物の」というのがつけられるわけである。とくに所有の場合には「生産物所有」とは言わない。だから、次のような表現がとられている。「生産手段あるいは生産物の領有の私的性格」、「生産手段所有の私的性格」、「生産物あるいは生産手段の占有の私的性格」。ほぼこの五《いつ》とおりの解釈や翻訳がなされているわけである。

したがって、エンゲルス命題それ自体がきわめて曖昧なものとなっているわけである。社会的生産という場合の「社会的」の問題についてはすでにふれたからそれでよいとして、後者の「私的性格」をうけとるところのものが、「所有」「占有」「領有」、そのどれか、ということを明確に調べなければならない。そしてスターリニスト的解釈においては、「生産物あるいは生産手段の領有、占有の私的性格」、「生産手段所有の私的性格」というようになっているわけである。それだけでなく、「ブルジョア的私的」というように表現するスターリニストもいるし、あるいは「資本制的性格」というように表現しているスターリニストもいるわけである。これらの複合がエンゲルス命題として理解されているわけである。このような命題を直接うけついだのがレーニンであるわけだけども、レーニンのこのエンゲルス命題の解釈と理解のしかたについては、別に検討するであろう。

資本制生産過程のマルクス的把握の欠落

さて、このエンゲルス命題のスターリニスト的な種々の解釈そのものの追求は、別の課題にしよう。さしあたりここでは、どのようにこのエンゲルス命題を批判すべきかという点についてのみふれていく。

後半の部分、「領有あるいは取得の私的性格」と訳されているところのものは、小経営が基準とされている以上、明らかに生産物の取得あるいは生産物の占有というスターリニスト的解釈の「私的性格」であることは間違いない。「生産手段の所有の私的性格」ではない。生産手段の所有、私的所有に立脚して社会的生産がおこなわれているのが資本制生産様式であるから。「生産と生産物の取得のあいだの矛盾」というように、エンゲルスはつかんでいることは明らかである。後半の部分は、「生産物の取得の私的性格（わたくし的性格）」。資本家のみが持っていってしまう、生産手段を私的に所有している資本家がつくりだされた生産物を私的に取得してしまう、という意味に理解しなければならない。このような「生産物取得の私的性格」に対立させられているところのものが、「社会的生産」であるわけだ。この場合には、資本制的な生産が私的＝社会的になされているという把握が欠落していることが、重要な事柄である。

では一体、なぜエンゲルスが私的＝社会的におこなわれている資本制生産を「社会的生産」あるいは「生産の社会的性質」というように理解したかというならば、生産力の発展はよいものである、というような生産力主義的な傾向がすでにあったのではないか、ということである。

マルクスは、「資本の直接的生産過程において成立する生産力は資本の生産力である」というように表現している。あるいは「社会化された労働過程において成立する社会的労働の生産力は、それ自体資本の生産力である」ということを展開している。にもかかわらず、エンゲルスにおいては生産過程の把握が全然なされていないということも関連して、「資本の生産力」というような概念は全然でてこない。というよりはむしろ、「生産力の巨大な発展」ということが、絶対的に、超階級的・超歴史的にとらえられているフシがあるわけである。発展した生産力と、それを利用する資本家というかたちでの叙述がしばしばあるわけである。「資本家は発展した生産力をすでに利用しえなくなった」とか、「生産力の巨大な発展は、それ自身の社会的性格をみずからに刻みこむように要求する」というような叙述があるわけである。これは明らかに、生産力の巨大な発展、社会的な生産力というものが超歴史的につかまれ、それが外皮たる生産関係、資本家の利用などに衝突するというように、今日のスターリニストが考えているような把握におちこんでいるといわなければならないであろう。

したがって、「社会的生産」というようにエンゲルスが言う場合には、これはブルジョア的私的所有に立脚しているということを論じてはいるけれども、社会的生産がすなわち私的生産として実現されているという、この矛盾構造については一切ふれないのである。このこと、「社会的」という概念の、「大規模化」とか、あるいは「よいものである」、あるいは「共同社会的なものである」というようなものとダブったような展開にならざるをえないということは、生産力あるいは生産の把握のしかたそれ自体が間違っている、生産力主義的な偏りがあり、生産あるいは生産力の歴史的形態的な把握が欠落しているということと関係していると思われる。

以上のことを念頭においてかのエンゲルス命題を眺めれば、おのずから明らかとなってくる。「社会的生産」という場合には、形式あるいは結果、「生産物の取得の私的性格」からきりはなされた内容、単なる裸の内容として理解されている。そして、これが資本の独自的な機能によって社会化されている、あるいは社会的性格を刻印されている、にもかかわらず「資本の独自的な機能によって」という限定がとりはらわれて、生産は社会化される、生産は社会的性格を帯びる、すなわち「社会的生産」となる。この「社会的生産」に対応して、生産関係も社会的なもの、共同社会的なものとならなければならない、というように考える。が、しかしながら、ブルジョア社会においては「社会的生産」に対応して存在するのは「生産物の取得の私的あるいは資本制的な性格」である、だからこれは食い違っている、というように考えたに違いない。

今、社会的生産にみあって生産関係も社会的なもの、共同社会的なものとならなければならない、というようにエンゲルスが考えたんだろうと表現したけれども、このことは明確には提起されてはいない。次のようになっている。

生産が「社会化」され、あるいは「社会的生産」が巨大に発展すると、所有形態が変っていく。私的資本のかたちから株式会社へ、株式会社からトラストへ、トラストから国有へ、というように所有形態が変っていく。そしてこの所有形態の転換は、生産力の巨大な発展の所有形態への反映であるというようにとらえられている。が、この場合の所有形態の歴史的な発展を論じる場合には、先の「生産物の取得の私的、ブルジョア的性格」ということについては直接ふれてはいない。むしろ恐慌の問題に横すべりさせられてしまっているのである。すなわち、かのエンゲルス命題によって恐慌が基礎づけられるという方法がとられているわけである。

したがって、「生産の社会的性質あるいは社会的生産と、取得の私的性格とのあいだの矛盾」というこのエンゲルス命題それ自体の根底には、エンゲルスによる資本の生産過程の経済学的な把握が欠落しているということばかりでなく、資本の独自的な機能、「資本の生産力」というようなマルクス的な把握が欠落して、生産が生産力主義的につかまれているのではないか、ということが考えられるのである。生産力主義的につかまれた生産力あるいは生産というこの内容にたいして、形式としてブルジョア的私的所有、生産手段のブルジョア的私的所有がとらえられたり、あるいは結果的に、生産物の取得の私的性格あるいは資本制的性格が対立させられたりしている。そして、このような両者が食い違っている、その表現が恐慌である、というようにされているわけである。

しかし、生産と取得あるいは占有あるいは所有との関係それ自体について、エンゲルスがどのような理解をもっていたかということについて、さらに追求していく必要があるように思う。エンゲルス的錯乱の追求は、このような角度からなされなければならないだろう。直接的には、レーニンによるエンゲルス命題の解釈をつうじて、さらにスターリニストによるエンゲルスやレーニンの「矛盾」論の理解を点検することをつうじて深めていかなければならない。

なお、マルクスとの関係でいうならば、彼が『資本論』第三巻において「資本制的私的所有あるいは資本制生産様式の枠内におけるブルジョア的私的所有のアウフヘーベン」というような展開をおこなっている。ところが、エンゲルスのような先のようなつかみ方では、このようなマルクス的な把握は完全に欠落してしまうのである。『資本論』第三巻で株式会社形態についで論じられているあたりの所有の形態転換、資本制的生産様式の枠内における形態転換の構造の解明と、エンゲルスの展開との関係についても掘りさげていかなければならない。

（一九六七年五月二十九日）

マルクス主義入門　全五巻

第一巻　哲学入門　**既刊**

哲学入門

マルクス主義をいかに学ぶべきか

第二巻　史的唯物論入門　**既刊**

史的唯物論入門

『ドイツ・イデオロギー』入門

現代における疎外とは何か

第三巻　経済学入門　**第三回配本**

経済学入門――『直接的生産過程の諸結果』

経済学入門
――『資本論以後百年』をどう読むか

エンゲルス経済学の問題点

第四巻　革命論入門　**次回配本予定**

革命論入門

一九〇五年革命段階におけるレーニンと
トロツキー

全学連新入生歓迎集会メッセージ

第五巻　反労働者的イデオロギー批判

反労働者的イデオロギー批判

小ブルジョア・ラディカリズム批判

現段階における党派的イデオロギー闘争
の核心は何か

沖縄の仲間たちへ

黒田寛一（くろだ かんいち）
1927年10月20日　埼玉県秩父町に生まれる。東京高等学校理科乙類中退。『ヘーゲルとマルクス』（1952年、理論社）を処女出版。1956年のハンガリー労働者蜂起・ソ連軍の弾圧事件と対決し、反スターリン主義運動を創造、1996年まで日本革命的共産主義者同盟全国委員会議長。2006年６月26日逝去。
『実践と場所』全三巻、増補新版『社会の弁証法』、『日本の反スターリン主義運動』全二巻、『変革の哲学』、『マルクス主義の形成の論理』（以上、こぶし書房）、『マルクス ルネッサンス』、『疎外論と唯物史観』（以上、あかね図書販売）など著書多数。

マルクス主義入門　第三巻
経済学入門

2019年１月21日　　初版第１刷発行

講述者　黒田寛一
編　者　黒田寛一著作編集委員会
発行所　有限会社　ＫＫ書房

〒162-0041
東京都新宿区早稲田鶴巻町525-5-101
振替　00180-7-146431
電話　03-5292-1210
FAX　03-5292-1218
URL　http://www.kk-shobo.co.jp/

定価はカバーに表示してあります。

ISBN978-4-89989-108-6